孩子学习方法

三分钟漫画

谢文华 ◎ 著

品 微信扫码

☑ 家教有声百宝箱
☑ 亲子沟通小技巧
☑ 家教方法跟我学
☑ 家教名师大讲堂

延吉·延边大学出版社

图书在版编目（CIP）数据

孩子学习方法 / 谢文华著 . -- 延吉 : 延边大学出版社，
2023.11
（三分钟漫画）
ISBN 978-7-230-05927-5

Ⅰ . ①孩… Ⅱ . ①谢… Ⅲ . ①学习方法－家庭教育－
通俗读物 Ⅳ . ① G791-49 ② G78-49

中国国家版本馆 CIP 数据核字（2023）第 221949 号

三分钟漫画：孩子学习方法

著　　者：谢文华
责任编辑：于净茹
封面设计：玥婷设计
出版发行：延边大学出版社
社　　址：吉林省延吉市公园路 977 号　　邮　　编：133002
网　　址：http://www.ydcbs.com　　E-mail：ydcbs@ydcbs.com
电　　话：0433-2732435　　传　　真：0433-2732434
印　　刷：亿联印刷（天津）有限公司
开　　本：710 毫米 × 1000 毫米　1/16
印　　张：10
字　　数：140 千字
版　　次：2023 年 11 月第 1 版
印　　次：2023 年 12 月第 1 次印刷
书　　号：ISBN 978-7-230-05927-5

定　　价：59.00 元

父母是孩子的第一任老师，对孩子的发展起着无可替代的作用。为了让孩子赢在起跑线上，父母不惜逼孩子花费大量的时间去刷题，上各种补课班，以至于形成"内卷"之态！

然而，很多孩子依然成绩平平，造成这种结果，并不是因为孩子不够用功，而是因为他们缺少有效的学习方法。达尔文说："一切知识中最有价值的是关于学习方法的知识。"孩子的学习方法更是如此。如果学习方法得当，就能融会贯通，举一反三；如果只是死记硬背，抓不住重点，就不能形成清晰的知识结构，最后肯定学不好。

预习是孩子学习的首要环节。预习旨在让孩子对课堂学习的内容有初步了解，找到重点、难点、疑点所在，做到"知其然"。这样，孩子在课堂学习的时候就能做到心中有数，厘清主次。也要讲究方法，不同的学科要采用不同的预习方法，比如理科贵在理解，文科重在熟练，有的放矢，才能事半功倍。

与预习相比，复习同样重要。孔子有言，"温故而知新"，强调的就是复习的重要性。根据艾宾浩斯的遗忘曲线来看，孩子学习新知识的速度快，遗忘的速度也快，尤其在学习后的第一周遗忘得最快。孩子只有及时复习、经常复习，养成课后总结归纳的好习惯，才能够巩固记忆，加深理解，更好地"温故知新"。

有些孩子上课看起来很认真，笔记整理得也不错，但是学习效果却总不能让人满意。用他们自己的话来说就是"跟不上节奏，记不下来，课下没来得及整理，只能等周末或者假期上补习班了……"理由很多，补救措施都想好了，却没想过，提高课堂学习效率才是最根本的解决办法，而这也是要讲究方法的。

课上四十五分钟的学习效率远远大于课下的几个小时，千万不要捡了芝麻丢了西瓜！孩子不需要把老师课堂上讲的每一个问题都记下来，更不需要把自己的课堂笔记整理得完美无瑕。记笔记如果只顾着埋头苦记，疏忽了对重难点的理解和把握，往往得不偿失。

对于孩子的学习而言，课堂效率永远是第一位的。课堂上老师所讲的内容，往往都是一个备课组多年积累下来的精华，对教材重难点的把握也十分到位。孩子要做的是保持较高的专注度，记好重点，当堂记忆并理解。

根据观察，掌握高效的听课方法几乎是所有"学霸"的共性，他们往往期待每一节课的到来，而并非被动地上课。孩子上课效率高，当堂消化得好，反而课下显得比较轻松！

本书以漫画插图的形式，结合生活中可能会出现到的案例场景，详细分析了现象背后的原理以及导致的后果，让父母真正认识到孩子成绩不理想的根本原因。每一节内容的最后都给出了具体的方法建议，介绍了各种值得一试的学习方法，满满的干货，旨在帮助孩子轻松掌握提高学习成绩的窍门。

工欲善其事，必先利其器。对于孩子的学习而言，学习方法就是那把"利器"，学习得法，则事半功倍；学习不得法，则事倍功半。正所谓授人以鱼，不如授人以渔，孩子只有掌握正确的学习方法，养成良好的学习习惯，才能真正学会学习，赢在人生的起跑线上。

目录

第一章
引导孩子合理安排学习时间

第二章
带孩子高效预习和复习

第三章
记忆有诀窍，让孩子记得又快又牢

第四章
学习的过程中，鼓励孩子多动脑

第五章
各科重点、难点，帮孩子一举拿下

第六章
学霸都在用的考试技巧，让孩子熟练掌握

第一章

引导孩子
合理安排学习时间

寒暑假，帮孩子制订弯道超车的学习计划

　　到了假期，孩子的学习计划也要提上日程。"凡事预则立，不预则废。"必要的计划是事情顺利发展的前提，任何人要想把一件事情做好，都要预先有计划、有准备，这样才能取得成功，在学习上也是同样的道理。

场景回放：

　　开学之后，小丽发现同桌花花有了些变化，她不仅能很快地跟上老师的思路，连曾经不擅长的科目，成绩也比原来好了。问了才知道，花花在假期制订了一个学习计划，不仅规划好了目标，还能在学习之余出去游玩，增长见识。

　　相比之下，小丽的假期就只有吃和玩，完全没有计划。好像把握在手心的糖果撒了一地，白白浪费了宝贵的假期，小丽感到十分懊恼。

今天真是收获满满！

放假随便玩真开心！

案例解析：

有的家长认为，孩子在学校里辛苦学习一学期，好不容易放了长假，应该让他们好好放松一下，自由支配这段时间。但是寒暑假期是孩子在学习上取得进步的关键时期，只有准备好计划，才能劳逸结合，事半功倍。

这两段假期是大段连续的，是在孩子学习生涯中少有的完全属于他们的时间，如果完全将支配权交给他们，很容易出现失控的局面。没有了学校的统一安排，在假期随意挥霍时间，孩子很容易养成懒散的习惯，所以寒暑假帮孩子制订学习计划是必要的。

还有的家长则认为，假期是孩子冲刺的黄金期，必须严格把控每一天。大到阶段性目标，比如用一周时间提升数学的计算水平；小到每个时间段的行为，比如六点起来晨跑，七点背单词，八点默写古诗等等。

满满当当的每日时间表，甚至精确到每分钟该干什么，压得孩子喘不过气，大人都未必能顺利执行，更何况是孩子。当其中一个计划没有完成，带来的挫败感就会拖延到下一个计划，就像多米诺骨牌一样一个推一个，这样过于"完美"的计划就很难完成。

作为父母，尊重孩子的个性化发展，针对孩子的学习情况来制订学习计划。只有各科的学习水平得到提升，补齐短板不偏科，才能提升孩子整体的学习水平，培养孩子自我反思的学习能力。

所以，假期学习计划的制订也要做到有的放矢，那么该如何有效率地利用好假期来制订学习计划呢？

分析学习弱项，针对性强化

　　父母可以利用假期时间对孩子进行摸底测试，找出分数低的科目，再详细分析孩子的弱项和劣势科目，对相对不足的科目制订学习的规划，帮助孩子进一步强化学习。比如语文的阅读题错得多，就有针对性地练习阅读，并进行错题积累，总结阅读类题型的答题技巧，再反复强化。

提升学习效率，优化学习方法

不要纠结于每日的学习时长，用对方法，学对地方才是关键。低效率的 8 小时学习也抵不过高效率的 2 小时学习。将计划中的学习重点，集中时间和精力去解决。比如英语当中的语法问题是重点，就可以规划出一段时间来进行系统性的学习，总结语法规律，与同学交流学习的心得，取长补短。

周末，给孩子的学习计划重在查漏补缺

　　周末的学习计划，是获得阶段性学习成果的阶梯，而查漏补缺则是其中的重点。《盐铁论》中说："衣缺不补，则日以甚，防漏不塞，则日益滋。"查漏补缺就是这样的道理。

场景回放：

　　这周考试结束，老师把卷子发了下来，小兰拿到试卷看了一眼，题目错得有点儿多，但是她并没有在意，只想着考试终于结束，应该可以好好放松一下了。

　　没想到下周考完试还是错了很多，小兰看着那几道错题似曾相识，但是相关的知识点已经变得模糊不清了，小兰终于有了危机感，可是到底该怎么办呢？

案例解析：

查漏补缺，顾名思义，就是查找漏洞、填补空缺。在一周的阶段性学习中，知识的学习总是顺序性的，知识点的积累也是循序渐进的，如果一堂课的内容还没有消化完，下一堂课的内容就接踵而至，就很容易形成"囫囵吞枣"式的学习，模糊记忆中的重难点。

这时候在周末进行查漏补缺的重要性就体现出来了，回顾一周学习的内容，查找不熟悉的知识，再把这个空缺填补起来。在这个过程中孩子可以更好地发现自身的缺点，了解到自身的不足之处。

直白地说，查漏补缺的过程就是对知识点进行强化，发现缺点、强化优点的一个过程，这样可以让孩子在巩固的过程中得到更大程度上的进步。

经过一周的学习，没有掌握到的知识点会随着考试而集中显现出来，一般考试覆盖的阶段性知识会比较全面，通过考试，一段时间的学习问题就很容易暴露出来。错了一道题是表象，深究后可能是相关的知识体系出了问题，所以要由点及面，对这部分知识做一个更全面的复习和巩固，这个时候就要利用错题及时地查漏补缺。

经历了一周时间的知识积累，周末是进行查漏补缺的最好时机。父母可以有充足的时间来掌握孩子的学习情况，并与孩子一起进行回顾总结。家长在给孩子制订周末学习计划的时候，就要将重点放在查漏补缺的这一方面，帮助孩子从宏观上把握所学习的内容，让各知识点之间的联系更为清晰。

那么在制订周末学习计划的时候，具体到底该如何查漏补缺？

构建知识框架，宏观把握错漏

　　父母在关注孩子一周的学习进度以后，要帮助孩子复述这一周学到的知识点，并将其罗列成关键词，重新梳理、构建知识框架。在这个过程中，孩子就可以对自己的薄弱环节和易错的部分进行查漏补缺，反复巩固强化。

按周总结错题，在细节处突破难点

　　父母要帮助孩子利用好周末的时间，将一周各科作业的错题按顺序进行整理。第一步，准备错题本，并且留出空白处方便下次进行复习和默写；第二步，将错题中没有掌握的知识点，以及没有完全吸收的难点分条列项，关联对应知识点，调整复习侧重，再一点儿一点儿去突破；第三步，在总结本上记录这一周各科目的复习情况，然后选出优势和劣势分别展开，从细节处去复习重难点。

放学后，让孩子自己安排作业计划

"今日事今日毕，勿将今事待明日。"今天做的事，就该在今天做完。而每天放学后往往是孩子们最放飞自我的时候，这时候就要辅助引导孩子，将自己的作业计划整理好，完成一天的学习任务，将这一天的学习好好地收个尾。

场景回放：

晨晨一下课就冲出了教室，在回家的路上到处闲逛，十分开心，回到家就已经吃饭了。吃完饭晨晨也求着妈妈让他看电视，也不知道看了多长时间，晨晨猛然看向墙上的钟，发现已经快到睡觉的时间了，但是自己的作业却还一个字都没写。

晨晨只能在台灯下狂补作业，欲哭无泪，心想如果明天放学一定要先把作业写完。

案例解析：

放学回到家的时间对于孩子来说是一天中最放松的阶段，家长却认为优先完成作业才是头等事，孩子优哉游哉不以为意，家长却心急如焚，想要让孩子先去把作业完成再干其他的事情。

怎么还不去写作业？
我马上看完了！

一听到写作业，孩子就开始拖拖拉拉，一会儿上个厕所，一会儿喝个酸奶，能拖则拖。明明一个小时就能完成的作业，能磨蹭两三个小时才开始写。究其背后的原因，这也是孩子抗争的一种手段，他们想通过拖延来争取自己的话语权，争取自己玩的权利。

有的家长选择妥协，先让孩子玩一段时间再写作业。孩子尝到了玩耍的滋味就有可能不懂得节制，从而挤占写作业的时间。这样的后果就是敷衍完成作业，或者是熬夜完成作业，这对于孩子的身心健康发展都会造成不利的影响。

有的家长选择坚持，强制让孩子先完成作业。父母甚至严加看管，面对作业表现得比孩子自己还要着急。在孩子写作业的时候，父母就在旁边看着，但他们并不是在"陪伴"，而是在"监工"，有时候还会不断地挑孩子的毛病、斥责孩子。这样不仅干扰孩子注意力，还让孩子感到厌烦、紧张，从而得到适得其反的效果。

但不论是妥协还是坚持，强制制订的计划不一定适合孩子，还有可能打击孩子的学习积极性。家长可以适当地"放权"，将孩子摆在平等的地位，对于作业完成的时间和计划，进行商量后再安排。

那么在珍贵的课后时间，孩子该如何自己安排每天的作业计划？

✳ 引导梳理作业计划，优先完成作业

回顾课堂学习的重点，按照学科分开时间段做，平衡各科目写作业的时长，完成作业计划的梳理，有条理、按顺序地完成作业。遇到难题，如何思考也不会的时候，先放一边，整体做完了再回过头来集中解决。做完作业再检查，家长跟孩子一起验收作业，并及时给予鼓励，培养孩子自主完成作业的积极性。

整理每日知识点，完成回顾总结

引导孩子进行每日总结。回顾复习一天的学习内容，重新思考课堂上老师讲的方法，对比自己的想法，再得到新的学习思路。在笔记本上分门别类，按照不同的科目进行每日小结，记录下遇到的问题和不同的思考。再将课堂上细碎的知识点归纳整理，整合成条，避免遗漏重点，方便下次继续巩固学习。

早上和睡前的时间，教孩子利用好

经研究发现，孩子在进行学习时，记忆力是有峰值和谷值的，存在一部分黄金时段，而这部分时段就是每天的早上和睡前，利用好这两段时间进行与记忆相关的学习，能让孩子事半功倍。

场景回放：

课堂上，果果在背《长歌行》："青青园中葵……老大徒伤悲。"不仅一字不落地全背下来了，甚至背得比其他同学都要流畅。

老师在全班同学的前面表扬了果果，还问果果用了什么背诵方法，果果很骄傲地说是因为她早起背书了。果果心里十分高兴，决定下一次还要早起看书。

案例解析：

早晨认真背诵新内容会比平时进入状态更快、效果更好。篇幅比较长或者很难记忆的新内容，可以在早上集中背诵积累，比如英语新单元的单词、比较长的词组、语文篇幅长的课文、难记的诗词古文等。

一些学习上的"硬骨头"放在大脑最高效的状态下去解决，也会更容易攻克，比如前一天学习上的难点，没有理解的语法难点，没有吃透的公式定理，没有算出来的难题等。

晚上睡觉前的一个小时，是一天当中另一个记忆力的高峰时期。因为刚睡着的这一段时间，大脑还没有停止工作，睡觉前看过的信息会在脑海当中重复，将睡前的信息进行深加工，可以把短期记忆转变为长期记忆。

用睡前的这段时间来复习复杂繁多的知识，加深对所学内容的印象，这样会更加不容易遗忘。可以把一天所学的内容以关键词的形式记录在便签本上，在睡前对关键词进行浏览，然后把关键词在脑海里展开，把当天所学的重点内容进行沉淀式回顾，迅速把短期记忆转化成长期记忆。

另外，利用睡眠期大脑对睡前信息的重复处理，同样可以把已经背诵过的、当天早上新背诵的内容进行巩固复习。把相关内容的中心词写在本子上，浏览之后放下本子，重新在脑海里默背，不仅可以加深印象，还能在熟睡时不断在大脑里复习。

早上和睡前的黄金记忆时段时间并不长，该如何教孩子利用好呢？

利用好早上十分钟，背诵
《唐诗三百首》

　　每天早上在《唐诗三百首》中选取一篇进行背诵积累。刚睡醒的时候头脑会保持清醒高效的状态，只需要花十分钟进行背诵学习，比如今天背《静夜思》，明天背《关山月》。家长可以先让孩子进行口头背诵，再让孩子在纸上进行默写巩固。

利用好睡前半小时，背诵英语单词

睡前是背诵单词的好时机，可以把英语课本上的单词按天分组，每天安排十个单词，记录在卡片便签本上，每天利用睡前的半小时进行背诵，背诵和复习完之后不要再做别的事情，马上睡觉，防止其他无关内容对睡前记忆的干扰。

⏰ 碎片时间，让孩子有效利用起来

雷巴柯夫曾指出，用"分"来计算时间的人，比用"小时"计算时间的人时间多 59 倍。这句话并不是说实际时间长了，而是说时间的利用率提高了，有效时间便多了很多。教孩子将很容易浪费掉的碎片时间有效利用起来，可以做很多有意义的事。

场景回放：

馨馨和念念一起坐公交车上学，馨馨在看学习卡片，念念在刷抖音。念念一边咯咯笑，一边把手机递到馨馨面前，让她看。结果，馨馨直接把念念的手机推开了。

念念有些不高兴了："咱们一会儿就下车了，你看这几分钟有什么用？还不如好好放松一下，真能装！"馨馨没有在意，继续沉浸在自己的世界里……

案例解析：

我们把做事情需要的时间段称为"时间块"，而两个"时间块"之间就是"碎片时间"。"碎片时间"就是我们无法大块进行利用而又未计划任何事的时间。这个时间容易被我们忽视，因为它看起来是那么微不足道。因为"碎片时间"的不连续，孩子很难静下心来集中处理看起来很重要的事情，但实际上，它能否被高效利用，却决定着每个孩子能到达的高度。

在学习生活中，属于孩子的时间块有上课、吃饭、回家、睡觉，在这之间的时间都属于碎片时间。这个时间不定，但却一直存在。如果将这些不稳定的碎片时间，充分利用起来，比如背背单词、数学公式之类的，或者解决一些小问题，哪怕只是为学习做一些准备工作，都能节省不少时间块里的时间。

等待三餐和上下学坐车的时间，不仅可以学习零散的知识点，还可以缓解潜在的焦虑情绪。到校后与上课之间的这段时间，也可以和同学交流学习方法和学习思路。睡觉前和醒来后这段"记忆的黄金时间"，还可以实现有效的巩固和复习。

碎片时间无处不在，关键在于是否能发现。最简单的发现方法就是让孩子思考一下"现在是否有事情可做"，或者"我在做这件事的时候还可以做其他事吗"。如果"此时无事可做"或者"在做一件事的时候还可以做其他事"，那就完全可以把这段时间充分利用起来，也就是所谓的"碎片时间"。

利用好闲暇时间，就能做到集腋成裘，充分发挥"碎片时间"的最大功效，那么父母具体要怎么做，才能更好地帮孩子利用好"碎片时间"呢？

随身带书法

　　随身带本书，如果书太大不方便携带，可以换成知识点卡片等。稍大一点儿的孩子 1 分钟能够阅读 100 字，而在排队等待的 20 分钟里就可以阅读 2000 个字，一年就是 73 万字！用不了一年，在碎片时间里坚持读书的孩子，就和不会利用碎片时间阅读的孩子拉开了很大的差距。

宝贝,这本口袋书,你随身带着吧?随时翻看.

晚几分钟放学

　　放学的时候人多，快走又走不出去，慢走又心急，不如让孩子留在教室几分钟后再走。这几分钟，不仅可以避免在临近放学的时候，因为着急收拾书包而导致听课效率下降的问题，也能够高效率地解决老师布置的一些比较轻松的学习任务，给晚上回家以后的学习留出更充裕的时间。

扫描二维码

每天三分钟,
家庭教育好轻松!

第二章

带孩子高效预习和复习

别让孩子把预习和提前学搞混了

　　可能很多父母觉得，预习不就是对新内容有一个大致的了解和掌握吗？而提前学也是学习新内容啊，有什么不一样的？事实上，提前学的孩子，总以为自己都会了，往往错过了培养良好学习习惯的关键期，而会预习的孩子却能爆发强大的学习能力。

场景回放：

　　在芊芊还没放暑假的时候，妈妈就给芊芊报了下学期要学的所有科目的学习班，等芊芊终于学完了全部课程，假期也结束了。

　　开学后，芊芊发现老师讲的内容在暑假期间早就学过了，突然觉得上课很无聊，于是逐渐养成了开小差的习惯，不是弄铅笔就是搞橡皮，要么就捉弄同桌……

老师讲得太没意思了。

老师说你上课总是心不在焉，怎么回事？

案例解析：

每个假期，都有一些学生会提前把新课学好，等开学后，在老师上课的时候，这些学生明显注意力不集中，想当然地觉得自己什么都会了。这些"提前学"的行为，总是令老师头疼不已。

反正我已经会了，不听又有什么关系？

事实上，"提前学"很多时候是父母给孩子在外面找个新老师，对下个阶段的课程有个提前学习的过程，是一种被动的学习。而"预习"则不需要请老师，而是自己拿着新教材，借助工具书，运用一些学习方法，自主学习的过程。

主动学习和被动学习，存在的差异会直接体现在孩子的学习能力上，孰优孰劣，一目了然。

在外面提前学的孩子，他们对教材或者某一学科的内容，已经有了一定的了解，往往容易沾沾自喜。他们觉得自己已经超过其他同学了，也觉得在学校上课纯属浪费时间，那么他们在上课的时候，就很可能会不认真听讲，心里想着"反正我已经会了，不听又有什么关系"。而事实上，这样的学生在进行测验的时候，成绩并不理想。

而自主预习则完全不一样，因为孩子无论预习了多少，自己学习跟学校里老师教的肯定不一样，还会有一个对比，这不仅不会减少孩子学习的兴趣，还会让孩子思考更多，收获更多。所以说，无论预习多少内容，也比提前学好几节课要强得多，父母千万别让孩子把预习和提前学搞混了！

那么，有哪些值得借鉴的预习方法呢？

五步预习法

第一步，认真通读教材，边读边思考，并将重点、难点、疑点标注出来；第二步，利用工具书、参考书扫除障碍；第三步，对不懂的问题进行分析，如果是旧知识的遗忘要及时查漏补缺；第四步，看完教材后合上书本，围绕预习任务总结一下所思所获；第五步，时间允许，可试着做一些课后练习题来检查一下预习效果。

快速阅读预习法

第一步，通读前言；第二步浏览目录；第三步，翻阅有关知识的书页，特别是标题、插图、图表等引人注意的地方；第四步，对重点内容做好摘录；第五步，依据阅读材料给自己提问题。

预习语文，只让孩子读课文还不够

语文科目的重要性无须赘述，它是学好任何一门学科的基础。然而，语文课本本质上只是一个大纲，更多的知识和内容需要孩子不断地挖掘和拓展。所以，预习语文，只让孩子读课文是远远不够的。

场景回放：

妈妈看见甜甜一直坐在沙发上看电视，便提醒她说："明天就要开学了，你怎么还不去预习？"

甜甜问："怎么预习？"

妈妈说："这还不简单，你先把课文读个三遍！"

甜甜不情愿地去读课文了，很快读完了，接着看电视。

妈妈说："这么快预习完了？"

甜甜回答道："对啊，你没听见我那么大声地在读课文吗？"

妈妈说："那你刚刚读的那篇课文，讲的什么啊？说给我听听。"

甜甜回答道："那我哪知道，反正我读完了，预习完了！"

那我哪知道！反正我读完了．

你刚刚读的那篇课文讲的什么啊？

案例解析：

可能很多父母认为，预习语文，就是阅读课文，只要把语文课文读个几遍就足够了。诚然，大声地、带着感情地读课文，不仅可以锻炼孩子的朗读能力，也能提升孩子的口才能力。但是，仅仅只是读课文，还远远达不到预习的效果。

怎样预习语文，才能达到事半功倍的效果呢？拿到课本后，父母可以先让孩子从头到尾翻一遍，这样不仅可以让孩子对整本书有个大致的了解，还能对孩子产生一定的视觉"冲击力"。不用父母提醒，一本新书本身就在告诉孩子一个道理：这将是一个全新的开始，希望你能够认真对待。

预习语文的时候，父母还可以让孩子把不认识或者不熟悉的字词标注出来，标注的行为本身，也是孩子对于自认为的难点进行再次理解并加深印象的过程。这样，当课堂上老师讲解到这些字词的时候，孩子就会因为"标注"的提醒，而格外专注，从而避免因为一时走神而错过重点。

提前预习，就是一个摄入新知识前的准备过程，也是一个自学的过程。孩子可以借助一些工具书，比如字典、词典等，锻炼自学能力，提升思考能力，等到课堂上老师讲解的时候，往往能有更多收获。

作为父母，还可以从哪些方面着手，帮助孩子更好地预习语文呢？

课本发下来了，你先从头到尾翻一翻，看看这学期会学哪些有趣的内容。

好的，妈妈。

画出文中的好词佳句并摘抄

　　父母可以让孩子把语文课本中的好词佳句圈画出来，然后再摘抄到自己的笔记本中，再美美地读上几遍，最好能熟读成诵。这不仅是一次次的熟记过程，也锻炼了孩子的记忆能力，还会对孩子的语言能力、表达能力，甚至写作能力起到"换挡提速"的作用。

标记段落

数段落，在父母眼里看来很简单，但对于低年级的孩子来说，却很容易漏数、错数、多数，进而在考试的时候频频出错。所以日常标记段落的过程，也是锻炼低年级孩子这方面能力的过程。而对于高年级学生，可以让他们在预习语文课文的时候，为重点段落划分层次，找出中心句子等。

预习数学，送孩子"读、查、思、比、记、练"六字诀

想要学好数学，首先学会预习。尤其是对于本身就抽象、逻辑严密的数学学科而言，课前的预习至关重要。父母不妨让孩子试试"读、查、思、比、记、练"六字诀的方法帮孩子预习数学。

场景回放：

朵朵对妈妈说："数学我都预习完了，可以出去玩了吗？"

妈妈说："课前预习的习题有做吗？拿给我来看看。"

朵朵于是又去做习题，结果发现错了至少一半，朵朵不解地说道："可我真的预习完了啊！"

案例解析：

很多父母可能会觉得，想要学好数学，题海战术少不了。其实不然，数学科目的学习，更多的是一种逻辑思维的训练，光看书或者死做题是很低效的。父母如果想让孩子的预习起到事半功倍的效果，不妨让他们试试"六字诀"预习法，它包括读、查、思、比、记、练六个方面。

读，是指让孩子认真地阅读下一节课的课程内容，弄清楚中心问题，了解新知识的定理、定义及解题方法等，从总体上把握知识点。

查，是指让孩子对于一些模糊不清的概念，提前做好自查梳理的工作。因为数学知识的连续性很强，一旦前面的概念不理解，后面的课程就很难继续学下去。

思，是指让孩子在预习的时候，多问几个为什么。从概念的内涵和外延，到证题的方法和依据，多思考、多质疑。对于例题，不妨让孩子尝试抛开书本自行推导一遍。

比，是指让孩子把相关的知识点作比较，找出相似点和区别，并纳入相应的知识链中，从而更好地理解知识点。

记，是指让孩子做好预习笔记，可以是批注重难点，也可以是把自己的所思所想记录在笔记本上。

练，是指让孩子通过练习进行自我检测。数学课本上的练习题都是为巩固所学的知识而出的，父母可以让孩子试做一下，以检验预习的效果。

上课是理解和掌握基础知识的关键环节，提前预习过的学生，往往更能知道什么地方要重点听、重点记录，上课也能更专心。

尝试练习

数学课本和其他课本的区别在于，数学课本上有很多"试一试""想一想""练一练""测一测"的内容，预习的时候，要充分运用好这些"练"的内容，在看懂的基础上试着练习。

动手操作预习法

对于公式的推导等操作性较强的知识，孩子可以在预习的过程中亲自动手去实践，通过剪、拼、折、移、摆、画、量、观察、比较等方式，体验、感悟新知识。孩子只有亲历过数学知识形成的过程，才能更好地"知其所以然"。

预习英语，教孩子坚持"听、读、写"

　　在英语学习的过程中，预习是很重要的一环，课前预习得好，课上能节省很多时间。预习英语的方法也是五花八门，但在本质上都是要让孩子坚持"听、读、写"。

场景回放：

　　妈妈对晶晶说："快听英语去！"

　　晶晶不高兴地说道："又听，都听多久了，一点儿用没有！"

　　妈妈苦口婆心地说道："那是因为你还没听够！听英语可以增加语感的。"

　　晶晶不解地说道："可是我压根听不懂啊！"

案例解析：

对于孩子来说，同是语言的学习，英语较之于语文，缺少语言环境，入门往往更加困难，需要落实到相对基础的部分。只有一个音标、一个单词地细细阅读，一个单词一个短语地熟练把握，才能顺利地听说读写，培养对英语的语感。英语预习的方法很多，最重要的就是要教孩子坚持"听、读、写"。

坚持"听"：英语是一门语言学科，英语的学习是为表达服务的。学习英语要从听起步，听是前提，只有听得懂，才能说得准，说得好。父母可以让孩子坚持每天听二十分钟的英语录音，听完后让孩子复述一遍，有助于培养孩子对英语的敏捷反应，也有利于使孩子的英语发音、语调、节奏更准确。

坚持"读"：跟读、朗读音标、字母、单词、词组、句子、对话、文章，都是很好的预习英语的方法。读的时候，父母要鼓励孩子读出声来，这样不仅有助于记忆，还有助于养成敢于表达的习惯，避免"哑巴英语"的出现。

坚持"写"：语言表达不仅需要会说还需要会写。不管是音标、字母还是单词、句子，只有能够写出来，才能真正运用自如。预习的时候，父母可以让孩子在听读几遍之后，试着默写一下，这样既可以强化记忆过程，也可以检验一下预习的效果。

对于英语的预习，还有哪些值得推荐的方法呢？

尝试翻译

　　父母可以给孩子一篇简短的英文作品，让孩子借助工具书，结合自己的理解，尝试把英文翻译成中文。孩子在自主翻译的过程中，在将所学到的知识点运用到实际中时，可以更好地掌握英语这项语言技能。

尝试仿写

通过对主要句型的仿写，可以锻炼孩子的英语思维和书面表达的能力。比如主要句型：He's excited. 可以让孩子仿写出：He's angry. He's sad. He's happy 等。从而达到举一反三、学以致用的目的。

利用遗忘曲线，帮孩子平时复习巩固

　　子曰："学而时习之。"复习自古以来就是学习流程中必不可少的一个环节。它不仅是对旧知识的查漏补缺，更是对以前知识的巩固升华，它可以使人"熟能生巧"，更能使人"温故知新"。

场景回放：

　　语文老师突击考试，玲玲看着卷子上的"看拼音写汉字"，都似曾相识，但要么就是拼不出来，要么就是拼出来却不会写。

　　还有古诗默写，明明就在嘴边，死活就是想不出来，急死人了。

　　记忆就像被掐住了脖子，越着急越是想不起来。结果，看起来熟悉的卷子，有一大半都空着了。

> "不知细叶谁裁出"的下一句是什么来着？什么"春风……"

案例解析：

通常课堂上的学习是"短时记忆"，只有经过不断复习巩固，才能变为"长时记忆"。那么如何复习才能更有效呢？

德国心理学家艾宾浩斯发现了遗忘的规律：人们的遗忘程度是先快后慢的。比如，识记 1 份材料后，在 20 分钟内会遗忘 42%，1 小时后遗忘 56%，9 小时后遗忘 64%，1 天后遗忘 66%，2 天后遗忘 71%，6 天后遗忘 75%，31 天后遗忘 79%。

可见，记忆会随时间的推移而逐渐衰减，这种衰减在学习后的短时间内显得特别迅速，经过较长的时间间隔后，虽然在记忆中保留的内容少了，但是遗忘的进程却比以前要慢了很多。

这一遗忘规律就告诉我们，要想保持和巩固所学的知识，就必须趁热打铁，赶在遗忘之前及早复习，及时巩固。

当然，及时巩固也并不是时间间隔越短越好，重复次数越多越好。有心理学实验显示，如果能把时间合理地分配利用，那么较少次数的重复可能比多次、一次紧跟一次的重复有更好的记忆效果。

有心理学家做过这样一个实验：让一组学生直接一次接一次地反复阅读一首诗词，直到逐句记熟为止，而另一组学生则是每天读两遍，直到完全记熟为止。结果，同样都达到了准确记忆的要求，但是前者平均要读 18 次，而后者平均只需读 7 次就够了。

可见只要能合理地利用时间来记忆，同样能达到复习的目的。一般来说，开始时，两次重复的间隔时间可短一些，每次重复的次数可以多一些，随着记忆巩固程度的提高，重复时间和次数可以逐步减少。

那么，复习的间隔时间一般怎么把握最好？

间隔复习

根据遗忘的规律，复习的最佳时间是当天、第二天、一周后、半个月后、一个月后。

当天复习每天课堂上所学的内容，到了晚上自习或写作业的时候，要再巩固、消化一次，第二天早上，再复习头天晚上复习的内容。最好能标注复习的日期，比如，将标注复习日期的便签条贴在要复习的内容上。

自测检验复习效果

复习后，可以通过自测来检验自己对知识掌握的程度。比如，学习完一个单元，可以进行单元检测，学了哪些内容，有什么收获，从而及时消化巩固所学。如果发现某个题型或者某个知识点掌握不牢，再进行有针对性地复习和练习。此外，在单元检测基础上，可再进行期中、期末自测，检测更多内容的掌握情况。

利用思维导图，帮孩子考前复习突破

　　临近重大考试，很多孩子都乱了手脚，觉得这里要看，那里也要看，结果往往顾此失彼，捡了芝麻丢了西瓜。事实上，复习质量的高低直接影响着考试成绩的好坏，合理的复习方法可以有效地帮助孩子提高复习的效率，"思维导图"复习法，便是其中的一种。

场景回放：

　　青青马上就要参加期末考试了，非常焦躁。周末的时候，她把自己关在房间里，一会儿看看数学，一会儿看看英语，忙得焦头烂额，却发现一点儿也看不进去。

　　正当她急得快哭了的时候，妈妈走进来对她说："如果不知道怎么复习，不如用思维导图把所有的知识点梳理一下吧？"青青赶忙追问妈妈具体要怎么做……

妈妈，马上要考试了，我该怎么复习啊？

你可以试着画一张思维导图，把所有的知识点梳理一遍。

案例解析：

思维导图可以有效地记忆和整理知识，帮助孩子把复杂的内容简化成关键词和图形，形成一个清晰的知识结构。

如何绘制一张思维导图？首先需要确定一个中心主题，然后围绕它进行发散和扩展。中心主题应该简明扼要地概括出需要记忆的内容或者目标，子主题、分支主题必须要用简洁的关键词或短语来表示。思维导图可以使用不同的颜色、形状、符号、图片等元素来增加视觉效果和吸引力。

很多复杂的内容、知识点，只需要一张图就能看明白。思维导图符合大脑的特点，对孩子记忆力、学习效率的提升有很大帮助。以背诵英语单词 weather（天气）为例：

从 weather（天气）作为一个中心主题开始，发散出 spring（春）、summer（夏）、fall（秋）、winter（冬）四个子主题，再由四个子主题延伸出四种躯体感觉，对应为 warm（温暖）、hot（炎热）、cool（凉爽）、cold（寒冷），再由此延伸到对应的衣着服饰上去。用一张思维导图，可记忆 20 个与天气有关的单词。

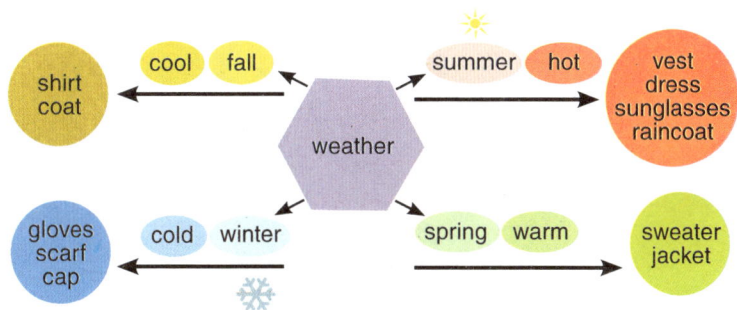

复习整理思维导图的过程，其实就是建立知识体系的过程。绘制思维导图的过程，锻炼了大脑的系统化思考，使得我们的思维条理更加清晰。

每天完成一张思维导图

父母可以让孩子把每天学到的知识做成一张思维导图，包括学到的难点、要点、公式、定理、单词等等。这既是对一天所学知识的一个梳理过程，也是对所学内容进行仓储式管理的最好方式。

每周完成一张总体思维导图

父母可以让孩子把一周做的思维导图整理成一张大的思维导图，把一周学到的所有知识进行分类汇总。这是一次高效率的强化复习过程，前面学过的知识，经过几天的消化和沉淀后，会有很多新的体验和感悟，所以一定要通过周末"总体思维导图"，将一周所学到的知识进一步汇总整理。

错题整理，帮孩子有针对性地提高

所谓"错题整理"是指，孩子在学习过程中，把自己做过的作业、习题、试卷中的错题整理成册，方便找出学习中的薄弱环节，使复习更有针对性的一种学习方法。无数复习成功的经验都告诉我们，要想巩固基础、提升成绩、高效学习，就要做好错题整理。

场景回放：

雯雯将考卷拿给爸爸签字，爸爸边签字边对雯雯说："错得不少啊，去把错题整理出来，写到本子上，下次就不会再错了。"

雯雯不乐意道："这么麻烦，不用了吧？这些错题我都会了，你看我都在旁边写上正确解法了。"

爸爸说："你整理出来，以后好随时翻看啊，你现在会了，可能过几天就又忘了！"

雯雯一边勉强答应，一边小声嘀咕道："真麻烦，还要再抄一遍……"

> 你要把试卷上的错题整理出来。

> 好麻烦啊！我都会了！

案例解析：

学校老师总是一而再，再而三地反复强调"错题整理"的重要作用，然而很多孩子依然不会整理，或者虽然整理了，也没有发挥出重要作用。

很多孩子以为只要做了足够多的题，成绩自然就会变好，但是却忽略了做题的目的其实是找到自己不会的题，从而更清楚自己的知识漏洞，然后有针对性地去补充练习。整理错题起到的是一个筛选的作用，如果只知道做题却不愿意去整理错题，不进行总结反思，同样的问题还会再出现。

在整理错题的过程中，孩子会很自然地根据错题去追本溯源，对自身不擅长的知识点进行查阅、复习和思考，最终把不会做的、总做错的题变成会做的题，这是一个高效地复习、强化的过程。

值得注意的是，很多孩子在整理错题的时候，只是把题目和答案抄写在本子上，或者干脆把试卷上的错题剪下来贴到本子上，最终花了不少时间整理，却发现效果并不好。错题整理成册，并不是简单地将错误的题目抄写一遍，它强调的重点是，分析出错的原因，以及寻找出现类似错误的解决办法，从而确保不再犯同样的错误。

父母在帮孩子整理错题的时候，不妨问孩子这样几个问题：错误的原因是什么？本题考查的知识点是什么？当时是怎么做的？这类题型的正确解题思路是什么？下次再遇到要注意什么问题才能避免再次犯错？

此外，错题的整理可以遵循"三记三不记"原则，即记因为知识点没掌握而出错的题、记错误超过两次的题、记易错的典型的题；不记远远超出目前能力的题，不记因审题不清而看错题干的题，不记偏题、怪题和不具代表性的题。

经常复习

　　错题本要经常拿出来看，特别是周末的时候，或者时间比较充裕的时候，父母要让孩子把这一周的错题拿出来重新做一遍，以加强自己对薄弱知识点的理解。做的时候，父母要记得提醒孩子先把答案遮住，等做完了再进行对照。如果依然有问题，做好标记，并想办法解决。

不断更新

　　错题本要注意随时更新内容。对于做过两三遍的错题，过两三个月后再做，也能正确解答的题目，就可以从错题本中剔除。否则，一学期下来，厚厚的一大本错题，筛不出重点，孩子也会懒得看。

第三章

记忆有诀窍，
让孩子记得又快又牢

尝试回忆：引导孩子"过电影"式复习学过的内容

"尝试回忆"复习法，又被称为"过电影"式复习法，它是指先不看书，闭上眼睛把老师上课所讲的主要内容在脑海中回忆一遍，到回忆中断的时候，拿出课本和笔记本再看一遍，从而实现查漏补缺，显著提高复习效率的一种学习方法。

场景回放：

　　飞飞一到家就迫不及待地拿出作业本，急急忙忙地开始做作业，做完作业后就觉得万事大吉了。妈妈问他怎么从来不复习，飞飞每次都不以为意地说："现在复习什么，等考试前老师会带我们复习的！"

　　结果，临近期中考试，飞飞开始复习功课，突然变得手忙脚乱起来，飞飞感觉又重新学了一遍，复习得很是辛苦，但是效果却并不好，最终成绩也很不理想……

案例解析：

很多孩子的日常状态就是，每天只顾着去完成老师布置的书面作业，而忽视了更重要的复习总结。在他们眼里，复习总结应该放在复习阶段来做，这实际上是一个很大的误区，这也是很多孩子复习效率低下的原因之一。

因为等到孩子真正进入到复习阶段，八成以上的课本知识已经忘得差不多了，相当于又要重新学一遍。再加上不止一门科目要复习，孩子往往不堪重负，复习效果如何可想而知。所以，当我们看见孩子结束一天的书面作业以后，或者在他们写作业遇到难题之前，不妨让孩子花一点点时间来进行复习总结，不需要任何困难的操作，只需要在脑海中将一天所学，过一遍"电影"即可。

曾经有一个高考状元，他的同窗好友问他："这几年来，我都没看过你用功，为何你的成绩还一直名列前茅？"状元回答："每晚你们在聊天的时候，我却闭上眼睛，回忆当天老师所教的内容，发现不懂的、记不清的会立即看书……"

利用"过电影"的方式来对当天所学内容进行快速复习，其核心原理就是对记忆进行主动式即时修复。根据遗忘曲线，孩子有必要对当天学习到的新知识"趁热打铁"，理一理知识脉络，快速浏览相关教材和笔记，再做一做相关练习来进一步巩固，然后躺在床上在入睡前快速过一遍"电影"。重温一遍一天所学，其记忆修复效率能达到100%。

"过电影"式复习法如此有效，父母在具体操作中要注意些什么呢？

选择恰当的时间

　　"过电影"式复习法的好处在于可以随时随地进行复习。为了能够让复习效果达到最佳，父母可以帮孩子选择一个相对集中的空闲时间来复习，比如睡觉前 15 ~ 20 分钟，父母可以帮孩子回忆当天学到的知识，回顾老师课堂上重点强调的内容。

要具体也要有侧重点

　　"过电影"式复习法，尝试回忆的内容要具体更要有侧重点。比如像这样"过电影"：早上，晨读；数学，二次函数；语文，点评课文；英语，背诵第三单元单词……没有任何实际意义。正确的"过电影"应该要更具体，比如：数学课上，二次函数，图像……概念……语文课上，作文点评，写议论文要注意……英语课上，第三单元讲的重点单词和短语是……

图像记忆：教孩子把文字转化为图像

在 2011 年举办的世界脑力锦标赛上，卢菲菲在 17 个国家 130 名选手的比赛中脱颖而出，获得了"世界记忆大师"的称号。卢菲菲说，记忆力是学习一切的基础，正是图像记忆法，才让她有了今天的成功。

场景回放：

> 樱樱在背古诗，背得磕磕绊绊地："白日依山尽，黄，黄，黄……"
>
> 妈妈忍不住提醒道："黄河入海流！"
>
> 樱樱继续背："黄河入海流，流，流……"
>
> 妈妈看不下去了，问："这首诗，总共才四句，你都背半小时，背了上句忘下句，有这么难吗？"
>
> 樱樱哭了："我就是记不住啊！"

案例解析：

从孩子的大脑构造来看，假如只是单纯地让孩子每天死记硬背书本上的知识点，孩子能一次性倒背如流是很难的，即使辛苦背完，转天也会忘得一干二净！父母的逼迫只会使孩子倍感压力，让他们误以为学习就是一个枯燥无味的过程，慢慢地孩子就会对学习失去了兴趣。

想要改善孩子"上一秒背完下一秒就忘"的现状，不妨尝试一下"图像记忆法"。所谓的图像记忆法，就是指通过运用孩子丰富的想象力，将孩子需要记忆的知识点或文字，转化成生动的图像来进行记忆的方法。

比如，当孩子在记单词的时候，可以把陌生的单词想象成一张张图片，像 elephant 可以想象成有着长鼻子的大象，rabbit 想象成有两只长耳朵的大白兔等。这样对于孩子而言，记英语单词就不再是一串串乏味的字母拼接，而是生动有趣的图片，这样会让孩子对于知识点的记忆更加清晰，也能够更持久地保持记忆。

妈妈，rabbit 这个单词我怎么总也记不住！

你把它想象成一只大白兔，你看中间的两个 b 就是它的长耳朵……

有研究表明，与传统的声音刺激记忆相比，图像记忆法的记忆效率要高 3~10 倍。通过图像记忆法，孩子可以将对他而言无甚关联的抽象文字转换成一张张图片，然后再将图片串联起来进行记忆。利用图像进行记忆，不仅能充分发挥左脑的优势，还能通过利用右脑的想象力，在许多文字之间进行联系、整理，从而达到整体记忆的目的。

那么，父母要如何让孩子学会图像化记忆呢？

借助看图讲故事的方法来学习

父母可以在日常学习中引导孩子用自己的话把看到的内容表述出来，这样可以使孩子在复述图片的时候输入一个完整的情景，并在脑中进行转换，最后用自己的语言呈现出来，从而训练孩子的图像记忆思维。

通过表演的形式加深对故事的记忆

当孩子看完图片故事后，父母可以带领孩子将这个故事演绎出来。在这个过程中，故事的内容得到重新构建，声音、图像和动作也在孩子的脑海中汇集，并建立联系，形成形象思维，从而加深孩子的印象，提升孩子的图像记忆能力，孩子还能通过表演获得新的感悟。

争论记忆：鼓励孩子在学习过程中与人争论

当我们在和别人争论一道题对错的时候，无论结果正确与否，我们都会把这道题记很久，也会有更深刻的认识，这就是所谓的"争论记忆法"。争论记忆法，简单而言就是指，通过与他人就记忆内容进行争论、探讨，以达到强化记忆为目的一种记忆方法。

场景回放：

叮叮觉得"甘拜下风"这么写，当当却觉得"甘败下风"这样写更符合他的理解，于是两人就此争论了起来，然后他们就去查阅词典以便证明自己的观点。

经过一番查阅，他们才知道，"甘拜下风"的意思是指因为不如别人而真心佩服，心甘情愿"拜服"的意思，而不是因为落入下风而甘心"失败"的意思……

案例解析：

叮叮和当当经常喜欢争论一些学习问题，在这个过程中，他们对知识点的记忆也更加牢固了，这也是为什么好学生喜欢跟别人争论的原因。生活中，有人对争论记忆的方法持不同意见："这不是在浪费时间吗？如果有与他人争论的时间，还不如用来记忆呢！这样肯定能记住更多内容。"事实并非如此。

第一次世界大战之后，法国出现了一个"布尔巴基集团"，他们是由一群志同道合的年轻人组成的，这些年轻人经常聚在一起读书，讨论学问。他们虽然起点很低，知道的也不多，但是雄心勃勃，喜欢大胆交流彼此的看法，对一些问题不辩出个所以然来决不罢休，不经过反复争辩的文章也绝不发表。可就在这"争争吵吵"的过程中，他们弄懂并记住了不少精深的东西，终于在 1939 年出版了著名的《数学原本》。

争论记忆法符合大脑的活动规律。争论的时候，双方都处于高度紧张的状态，不仅需要聚精会神地倾听对方阐述的观点，还要进行积极地思考，分析对方观点的正误，并寻找合适的时机阐述自己的观点，想办法说服对方。在争论的过程中，重要的论据和论点会被重复多次，如此一来，便会在不知不觉中起到强化记忆的效果。

"争论记忆法"还可以检查记忆的准确性。每个人的记忆都存在一定的局限性，免不了会有一些谬误。在与人争论的时候，这些"谬误"便会不自觉地暴露出来，从而能够得到纠正，并形成正确记忆，争论的过程也会让这些记忆印象更为深刻。

不过，争论不是争吵，父母在帮孩子使用"争论记忆法"的时候，还需要注意些什么呢？

先记忆，后争论

　　无论是整体知识还是记重点，都应让争论双方共同协定，在一定时间内，记住多少材料或者看完哪些内容，在各自独立阅读或记忆的基础上再来进行讨论、争辩，以达到明确正误，记住重点的目的。"一定时间内""独立阅读或记忆"，这样的协定一是使争论的主题更明确，二是容易产生竞争意识，从而提高学习新知识的积极性。

坚持独立思考

　　争论的一方如果只是墙头草，只会人云亦云，那么争论也没什么意义。如果有一道数学题，一方说："你应该这样做……"这时候是追问的最佳机会，千万不要因为害怕说错就附和，这个时候应该追问："为什么那样不对……"

联想记忆：鼓励孩子"温故而知新"

所谓"联想记忆法"，就是将需要记忆的内容与已知内容联系在一起，形成一条"记忆链"，只要能想起这条"记忆链"中的任何一个环节的内容，就能顺藤摸瓜地回想起其他环节的内容，从而起到温故知新的效果。

场景回放：

奶奶每次送小欣上学，关门前都会一直嘀咕，有次小欣好奇地问奶奶到底在念叨什么，奶奶说："伸手要钱。"小欣听了一头雾水。

奶奶解释道："伸，你的身份信息——学生证；手，我的手机；要，大门钥匙；钱，送完你上学我还要去菜市场买菜，要带钱包。奶奶年纪大了，记性不好，不这样记，出门前总丢三落四……"

案例解析：

生活中，出门前忘带东西的现象时有发生，不仅是像小欣奶奶这样年纪大的人，很多年轻人也常常在出门前丢三落四。而一个简单的"小口诀"，就可以摆脱忘东西再回家取的尴尬状况，这就是"联想记忆法"的妙处。

举个简单的例子，想记忆没有任何关联的 10 个词语：梦，篮球，玻璃，朋友，报纸，冬至，五花肉，地窖，手机，宇宙。按照顺序死记硬背下来并不容易，但是如果用联想的方法，将它们串联起来，就能很容易记住，比如：

"我昨晚做了一个梦，梦见自己在操场上打篮球，篮球飞得太远了，把教室的玻璃都打碎了，朋友从教室里走出来，手上还拿着一份报纸，他说马上要冬至了，该吃饺子了，问我想不想尝尝五花肉包的饺子，我说谢谢不用了。我还要去地窖玩手机，保护宇宙和平呢！"

在学习知识的过程中，通过"联想记忆法"，在知识点之间建立联系，不仅可以加深对知识的记忆，还能加深对知识的理解。在学习新知识的过程中对新旧知识点展开联想，还会将长时记忆仓库中的知识再度激活和强化，从而起到温故知新的效果。

"联想记忆法"虽然刚开始可能要多费点力，但是训练之后速度会越来越快，孩子可以通过联想记忆法温习旧知识，学习新知识，理解各个知识点之间的联系，从而减少复习的时间和次数，提高学习效率。

形象联想法

　　"形象记忆法"是指将需要记忆的内容与所熟悉的形象联系起来记忆的一种方法。通过熟悉的形象来帮助记忆，符合大脑的记忆规律。因为我们的大脑本身就是用图像进行思考的。比如，当别人提到"钻戒"一词的时候，你脑海中出现的是钻戒那个亮闪闪的图像，而不是"钻戒"这两个汉字。

类比联想法

如果需要记忆的多项内容在性质、成因或规律等方面存在相似性，那么就可以用类比联想法来记忆。通过它们之间的相似性、共性来建立联系点，从而达到由其中一件事物联想到另一件事物的记忆目的。比如，"寂静、宁静、肃静"这三个词都有"安静"这层含义，把它们放在一起进行类比联想，不仅能够加深印象，还能更好地辨别其中的差异。

输出记忆：鼓励孩子当"小老师"讲一讲

　　孩子在学校的学习，主要是坐在课堂上听老师讲课，或者是自己看书，这其实是一种单方面的"输入式"学习，很难保证学习的效果。事实上，"输出"和"输入"同样重要，作为父母，要鼓励孩子当一当"小老师"，将自己学到的知识，尝试着讲给别人听。

场景回放：

　　妈妈一边坐在沙发上看书，一边不解地说道："这本书明明读过啊，怎么再读感觉像读一本新书一样！"爸爸走过来看了下妈妈读的书，说："这本书啊，我也看过，写得挺好的，讲的是……好吧，内容有点儿想不起来了。"

　　这个时候，妞妞拿着作文本过来说："这是我的作业，老师让家长签字……"妈妈看了一眼作文的评语，困惑地说道："你读了那么多课外书，怎么作文还是写不好？"

你读了那么多课外书，怎么作文还是写不好？

妈妈，这是我的作业……

案例解析：

看完的书，并不一定会在脑海中留下多少印象，因为我们很多人在看书的时候，并没有把书中的知识转化为自己的知识。读书所获得的知识只是一种短时记忆，它会随着时间的推移，很快被遗忘。

生活中，很多父母可能会有这样一个疑问，为什么孩子明明记笔记、画重点，并且多次重复背诵了，到了考试的时候还是很容易想不起来？这其实是因为，这样的重复只是"输入式"重复，它只是将知识输送进大脑，至于吸收了多少并不能保证。

高效的学习方法应该是"输入"与"输出"并重。所谓"输出记忆"，就是指在大脑中去回忆知识并提取知识的记忆过程，这是一种主动学习的方式。

单向的输入式记忆，是被动的，记住了多少，全凭个人意志。而当孩子知道自己所学的内容，还要进行输出分享出去的时候，就会进一步思考：我怎样讲才能让别人更好理解？在思考的过程中，大脑会更加主动地将学习到的零散堆积的知识点，进行系统整理，孩子的学习思路和知识脉络就会更加清晰，记忆也更加深刻。

当孩子将自身所学的知识输出去的时候，也能完善和补充自身学习的思维盲区。因为不同的人哪怕学习同一个知识，也会有不同的思考角度，所谓"教学相长"，在跟他人分享知识和观点的同时，孩子也能从他人的问题中，获得启发，从而完善自身的知识储备。

那么，想鼓励孩子更好地学习使用"输出记忆法"，父母可以做些什么呢？

鼓励孩子讲故事

　　父母在给孩子讲故事的时候，可以鼓励孩子听完故事后，再由他来讲一遍。对于孩子来说，能讲出来才是最重要的，不需要他讲得多完整和有逻辑性，父母也不需要对他讲错的地方进行指正。

真心向孩子请教问题

对于孩子课本上的知识，父母可以抱着学习的态度，真诚地向孩子求教，鼓励孩子用自己的语言，对这些知识进行介绍。需要注意的是，真心请教，不是让父母给孩子"挖坑"，或者在孩子面前显示父母的聪明，更不需要批评孩子在讲解过程中的不足。

第四章

学习的过程中，鼓励孩子多动脑

一写作业就喊妈，别急着告诉孩子答案

很多父母平日里对孩子照顾得十分周到，甚至在孩子做作业时都恨不得替孩子完成作业。但是这种做法并不是在帮助孩子，反而是害了孩子。

场景回放：

每当有难题不会做时，智洋都会去问妈妈，妈妈总是耐心地给他解答。如果他听不懂，妈妈就会直接告诉他具体的答案，他只需要把正确答案写在作业本上就行了。

看着作业本上都是对钩，智洋很高兴，老师也经常夸奖智洋的作业写得好。可是没想到，考试时智洋竟然考砸了，整张试卷他只会几道简单的题，其他的题都不会写。

案例解析：

孩子在做作业时会遇到各种各样的问题。有些父母忙于自己的事情，为了把孩子打发走，就会把答案告诉孩子。有些父母在辅导孩子功课时，给孩子讲了好几遍，孩子还是不理解，于是便没了耐心，直接告诉孩子答案，甚至是代替孩子完成作业。

这种做法看似"皆大欢喜"，其实很不利于孩子的发展。有父母帮忙解答，孩子就没有了学习的动力，习惯性地依赖父母，还会丧失独立思考的能力。

比成绩更重要的是培养孩子良好的学习习惯和思考、理解等能力。当孩子有不会的题目，父母急于给出答案，就会忽略孩子不会做作业背后的真正问题，比如不认真听讲、思考方式不对等，这些问题比不会做一道题更严重。孩子没有经过思考就得到答案，实际上也没有学会解决问题的方法，作业就失去了真正的意义。

父母要让孩子知道，孩子的作业是他自己的事情。当孩子遇到不会写的题目时，父母不要想立即教会孩子，要引导孩子自己去想办法解决问题。如果孩子真的没有解题思路，父母可以给孩子一点儿提示，由孩子自己想出解题方法，这样能够增强他的成就感和自信心，发现学习的乐趣。

由于学校留的很多作业都需要家长检查签字，很多父母在发现错误后，直接让孩子更正。被家长粉饰过的作业，老师不仅无法发现孩子的薄弱点，孩子自己也不会重视，越来越依赖父母帮他发现错误。

父母陪伴孩子写作业时，要清楚自己的责任和分寸。那么，当孩子遇到作业中的难题时，父母可以教孩子怎么做呢？

大声朗读题目

　　大部分低年级孩子写作业时都存在审题不清的问题。当孩子有不会做的题目时，父母可以提醒孩子将题目大声朗读一遍。如果孩子仍然不会的话，父母可以让孩子继续再读一遍。通常情况下，孩子读一遍就知道怎么做了。

鼓励孩子独立完成作业

　　父母的鼓励对孩子是一种动力。当孩子遇到难题，向父母求助时，父母可以鼓励孩子，相信孩子可以自己解决问题。父母要耐心地等待，给孩子深入思考的时间和环境，相信孩子不会轻易放弃。

运用一题多解，训练孩子的多元思维

孩子通过学习，除了要掌握基本知识和基本技能之外，还应该具有运用知识的能力，并提高思维能力。父母应该意识到培养孩子发散思维的重要性，而一题多解恰恰是培养孩子思维能力的一种行之有效的方式。

场景回放：

诚诚在做一道数学题，题目是"小明从甲地出发到相距 360 千米的乙地旅游，已知乘车 6 小时行进了 120 千米，速度不变的话，剩下的路程几个小时才能到达？"

诚诚先算出剩下的路程，又算出每小时的速度，得出了答案。妈妈告诉他，这道题还有别的解法，让诚诚再写出来几种。诚诚又写出来四种解法，连他自己都很惊讶，原来一个问题，居然可以有这么多种解题方法。

案例解析：

一题多解的特点是从不同的角度和思路去解答同一个问题。特别是在数学这门学科的学习中，一题多解可以培养孩子思维的广阔性，将学过的知识和方法融会贯通，大大地提升孩子分析问题和解决问题的能力，有益于孩子形成理性思维。

很多父母单纯地认为想要学好数学，必然离不开"题海战术"。很多孩子在这种情况下对数学缺乏兴趣，但是为了应对考试和升学，不得不硬着头皮去学。然而，只会单纯刷题的孩子在一开始可能成绩还不错，可是随着知识难度的加深，学习就会越来越吃力。因为这样的孩子没有理解和吃透知识点，思维模式很单一，时间长了，成绩必然会下滑。

如果父母能让孩子学会运用一题多解的方法，不仅能让孩子跳出思维定式，学会多角度、多方位地去审视和分析问题，思考问题的多种解决方法，不断地开发解题的潜能，还能让孩子灵活地运用所学的知识，激发孩子学习的兴趣。

数学题和答案之间是存在一种联系的，利用这种联系去找出答案，这就是数学题的本质。而这种联系并不只有一种形式，而是有很多种，这就是一题多解的本质。所以，父母除了让孩子学会如何用一题多解的方式进行解题，还要告诉孩子一道题有多种解法的原因。孩子只有意识到一道题有多种解法，才会对一题多解产生兴趣。

不过，父母在训练孩子一题多解的过程中，需要注意不要片面追求解题方法的"奇"和"怪"，尤其是孩子很难理解和学会的解法，这样容易让孩子对解决数学问题出现误解。

想要培养孩子的发散思维，父母可以用哪些方法来引导孩子学会一题多解呢？

用讲解经典例题的方式

　　父母可以运用一题多解的方式给孩子讲解课本上的经典例题，让孩子加深对于所学公式、定理等知识的印象。而且，父母通过这种方式还可以让孩子更加理解例题的适用范围和条件，更熟练地巩固和应用学到的知识。

用寻找简便解法的方式

　　孩子在解题过程中，往往会刻意寻找一种便捷快速的解题方法，但这种解题方法不可能一次就得出。父母可以引导孩子应用一题多解的方法来拓宽解题思路，得出多种解法后再对这些解法进行比较和分析，从而得出最简便的解法。

善启发式提问，让孩子参与解决问题

相较于传统的教育方法，启发式的问题能让孩子参与到问题的解决过程中来，有利于培养孩子主动思考和解决问题的能力。

场景回放：

晓辉写作业遇到了问题时，就会向妈妈求助。这天，他写语文作业时遇到了一道题，题目是"请以给出的成语为例，写出类似的成语"。

晓辉一开始想不出来，就拿着题目去问妈妈。妈妈看了看题目，想让他自己找到规律，就启发式地对他进行提问。晓辉果然一点就通，顺利地完成了作业。

案例解析：

传统的教育方法通常是直接将答案交给孩子，而且父母告诉孩子"这样不好""应该那样做"时，更像是一种简单粗暴的命令，会让孩子感到很不愉快。孩子感觉不到尊重，也丧失了独立思考、解决问题的动力。

如果父母换一种启发式提问的方式，让孩子主动参与和思考问题，对孩子的成长会更有好处。启发式提问很简单，就是不直接给孩子答案，而是采用提问的方式，让孩子自己去思考和回答。孩子可以在思考的过程中，逐步地找到答案。

随着年龄的不断增长，孩子开始有了更多的思考和求知欲，不再仅仅满足于知道"这是什么"。父母可以趁机运用启发式问题的教育方式，帮助孩子培养解决问题的能力。通过一些具体的问题，父母可以引导孩子主动思考和深入分析问题，并积极地去寻找解决办法。

启发式提问的总原则，是把问题再交还给孩子，让孩子自己来思考。当孩子问一个问题时，父母可以问孩子："你有什么想法？""你认为是什么原因？"如果孩子回答了，父母要及时地肯定，然后继续问："你有什么好的办法来解决这个问题？""你从这件事情中学到了什么？"如果孩子不知道，父母要继续启发孩子再想一想。

父母经常启发式提问孩子关于学习的问题，不但能激发孩子学习的兴趣，还能让孩子学会自我管理。那么父母运用启发式问题时，有哪些需要注意的地方呢？

允许孩子的答案与父母不同

父母应该允许孩子的答案与自己不同，这就需要父母在孩子回答问题前，内心不要有预设，避免试图将自己的要求强加给孩子。假如孩子的答案不同，父母可以询问孩子的理由。这样一来，父母既能得到孩子的信任，还能和孩子越走越近。

在心情平和的时候提问

人在心情烦躁时往往无法进行冷静的思考，这个时候对孩子提问，效果往往会适得其反。所以，当父母和孩子中有任何一方感到心情烦躁时，最好避免提问。

让孩子把学习和解决实际问题相结合

学习就是为了解决生活中的实际问题。父母除了让孩子学习知识外，还应该培养孩子运用所学知识解决实际问题的能力，这样可以使孩子在应用知识时，更好地学会思考问题和解决问题。

场景回放：

妈妈从小就教小悠学数数，还总喜欢让她在亲戚朋友面前展示。每次看小悠数得又快又准确，妈妈都感觉既高兴，又得意。

但是，当小悠上小学之后，在学习计算时却遇到了困难。妈妈觉得很不可思议，她认为小悠早就认识了从 1 到 100 的数字，怎么能学不会计算呢？

你都会从 1 背到 100 了，怎么算数却算不好呢？

妈妈，这道题我不会算。

案例解析：

很多父母喜欢从小教孩子数数、背唐诗，认为这样就是启蒙。但其实孩子的这种行为只是在背诵而已。即使孩子凭借良好的记忆力准确地背诵下来，对他们来说，这些数字和唐诗只是一堆数字和文字而已。所以这种形式的学习对于孩子来说并没有实际的意义。

将知识应用在生活中，能够培养孩子实际操作的能力。以数学为例，很多孩子在数数时只是记住了数字的叫法，却不了解数字的由来。在他们的眼里，数字只是单纯的数字，没有具体化。而当他们去数自己有多少玩具时，才会明白数字和数量之间的关系，从而将数学和生活联系在一起。不只是数学，语文、英语等其他学科的学习，同样可以和现实生活相结合。

孩子学习的内容越是贴近他熟悉的生活背景，他就越会自觉地接纳所学的知识。比如，如果是商品包装或者生活中会用到的英文单词和语句，孩子学习时不仅效率很高，而且印象也更加深刻。

孩子在学习知识的过程中，难免会受到思维定式的影响，分析问题变得模式化和程序化，很容易出现钻牛角尖的情况。比如数学中的行程问题，往往有多种情况和解法。如果能让孩子的学习与现实背景相结合，孩子不仅能学会具体问题具体分析，懂得变通和调整思路，更能够培养孩子思维的灵活性。

想让孩子将学习和实践融合在一起，父母在日常生活中可以使用哪些方法呢？

你认识这个英文单词吗？

milk，牛奶的意思。我最爱喝牛奶了。

让孩子在游戏中学习

对于年龄较小的孩子，父母可以在孩子玩的游戏中融入一些知识，能让枯燥的学习变得有趣。比如父母可以让孩子给鞋子配对，增强孩子对数学的兴趣，还可以和孩子玩"角色扮演"的游戏，让孩子扮演各种角色来巩固日常生活用到的英语单词和句子。

让孩子自己动手解决问题

　　孩子掌握了某种知识后，父母可以有意识地让孩子自己动手解决一些实际生活中遇到的问题。比如，父母可以让孩子算一算家庭在银行中的存款到期可以拿到多少利息，让孩子测算家中装修铺地板所需要的费用等等。父母这样做可以培养孩子分析和解决问题的能力，让孩子领悟到知识的应用价值。

从易到难培养孩子动脑的兴趣

　　父母都希望孩子聪明伶俐，脑筋转得快，这样才能赢在起跑线上。可是，有的孩子就是不会动脑筋思考问题。其实愿意动脑思考也是一种能力，需要父母从小对孩子进行培养。

场景回放：

　　康康在算一道应用题，题目是"从家到果园 500 米，从果园到花园 300 米，那么从家到花园有多远？"康康说自己不会算，妈妈就给康康从头到尾讲了一遍，还带着康康算出了结果。

　　妈妈让康康把这道题重写一遍，可他还是算错了。妈妈没办法，又给他讲了一遍，结果他仍然做错了。妈妈很生气，觉得康康一点儿都不动脑。

> 都给你讲两遍了，怎么还能做错呢？你做题时没带脑子吗？

> 我就是不会做，太难了，我不要学了。

案例解析：

有的孩子在遇到难题时，不会思考其他的方法，发现不会做直接放弃，这就是通常意义上讲的"不会动脑子"，即只会机械式地模仿被教授的知识，却根本没有掌握这些知识。

对于不爱动脑的孩子来说，动脑是一件辛苦的事，所以在培养孩子的时候，要注意循序渐进、由易到难。一开始不要提出太高的要求，要根据孩子的实际情况，从最容易的地方开始，再逐渐地加大难度，让孩子慢慢地学会通过自己的努力来解决问题。

寓教于乐是最好的学习方式。对于年龄小的孩子，父母可以通过"玩"的方式来启发孩子动脑筋，比如玩各种智力游戏、猜谜语、编故事等，或者带着孩子看一些益智类的书籍和少儿节目，引导孩子动手动脑。

父母也可以让孩子分担一些力所能及的家务，比如整理、收纳、打扫和园艺等。孩子在劳动中可以学习做事情的方法，这对孩子的思考能力也具有很大的启发作用。

当孩子有不会的题目时，父母可以让孩子先给自己讲讲，或者让孩子回忆老师是如何讲解的，再让孩子自己解题。

无论是玩游戏、做家务，还是做题，当孩子自己解决问题后，父母要给予孩子肯定。即使有错误，当孩子纠正过来后，父母同样要热情地鼓励孩子。这是为了让孩子体会到成就感和学习的快乐，同时树立信心。

在日常生活中，父母可以通过哪些方法鼓励孩子思考呢？

询问孩子的观点和看法

当孩子表达他的观点时，父母不必急于评判对错，可以多听听孩子的观点和看法，问孩子为什么要这么说。这样做除了能提高孩子的表达能力外，还能让孩子有意识地去思考。

给孩子演示思考的过程

父母可以让孩子通过模仿来学习如何思考。当孩子向父母求助时，父母可以将自己每一步的思考过程说给孩子听，让孩子知道自己为什么要这么做。以后孩子在遇到类似的问题时，也可以参考这样的思路。

培养孩子善于观察的能力

　　观察是孩子认识事物的重要途径，也是孩子学习知识的必备能力。父母想要让孩子在学业上有所成就，就必须培养孩子具备良好的观察能力和观察习惯。

场景回放：

　　老师让写一篇有关花的作文，东东不知道该怎么写，就按照书上的文章写了一篇。写完之后，东东拿给妈妈看，还问妈妈自己写得怎么样。

　　妈妈一看东东的作文就意识到，虽然他写的并没有错，但是他根本没有观察过花，所以写出来的作文并不生动。东东听了还不太服气，觉得自己没错。妈妈让他重写一篇，他还不愿意。

案例解析：

学习是一种复杂的智力活动，智力活动的基础就是观察。很多孩子在日常的生活中缺乏观察，从外界得到的信息非常有限，思维很贫乏，所以才不会写作文。在学习数学时，如果孩子不会观察，就不能对知识进行由浅入深的思考和分析，也无法获得知识。

妈妈今天带你来公园玩，你仔细观察一下里面的花草，就不愁写作文啦。

我第一次发现，原来有这么多种样子的花呀。

对于孩子来说，一切知识都源于感性认识，而感性认识主要是通过观察来获取的。没有观察能力，孩子就不可能有丰富的想象、概括的理论和创造的思维，更难具有推理和判断能力。因此，父母应该注意培养孩子观察的兴趣和习惯，让孩子掌握观察的方法，提高观察能力。

父母可以在平时外出时，尽量带上孩子，让孩子在接触外界事物的过程中，开发观察思维。另外，父母要尽量多地让孩子在外面玩耍、活动、接触大自然，这样既能拓宽视野、满足孩子的好奇心和求知欲，又能培养孩子观察的能力。

在培养孩子的观察力时，父母要注意让孩子做到全面而具体，也就是既能把握事物的整体，又能细致地观察事物的细节。如果孩子能够养成这种全面又细致的观察习惯，对孩子的学习也会有很大的帮助。

在孩子学习观察的时候，父母应该让孩子保持注意力的集中。孩子只有全神贯注地进行观察，才能做到既全面又具体，才能敏锐地发现观察对象的一些细节或细微的差别。

想让孩子在观察中调动学习的积极性，提高学习的兴趣，父母应该如何引导他们呢？

从兴趣开始

　　想培养孩子观察的兴趣，父母可以从孩子感兴趣的东西开始。比如孩子喜欢看动画片，父母可以要求孩子观察其中的人物形象、神态、语气等。孩子喜欢植物，父母可以让孩子观察种子发芽的过程，叶片和花朵的颜色和形状等。时间久了，孩子就会对观察产生兴趣。

明确观察的目的

在观察之前，父母需要给孩子提出明确的观察目的和任务，让孩子的观察更加具有选择性和针对性。否则孩子就会漫无目的地东张西望，说不清观察到的事物。孩子得不到任何收获，自然无法增强观察的兴趣。

不盲从权威，鼓励孩子大胆提出质疑

如果孩子有这样的观念："爸爸妈妈说的是对的 / 老师说的是对的 / 书上写的是对的"，这种思维方式会阻碍他形成独立思考的能力。父母应该鼓励孩子大胆怀疑，这样才能提升孩子的学习能力。

场景回放：

妈妈给巧巧买了新的画笔，巧巧兴高采烈地画了一幅画。妈妈看到她画了一条红色的河流，立刻提醒她画错了，应该画成蓝色的。

巧巧问妈妈，为什么河水就一定是蓝色的？妈妈只好解释说河水本来就是蓝色的。看巧巧还想要把河水画成红色，妈妈很生气地说："我是你妈妈，你就得听我的。"巧巧无奈之下，只好妥协。

> 你这孩子哪那么多问题？河水本来就是蓝色的。

> 河水为什么就一定要是蓝色的，不能是红色的呢？

案例解析：

在学习的过程中，孩子难免会产生疑惑。如果孩子只会服从，相当于稀里糊涂地学习，机械式地读书，对于知识只是一知半解。而知识都是系统性的，如果一个知识不懂，孩子再去学习其他新知识，用到它时又会引发新的不理解。长此以往，孩子的成绩很难提高。所以，那些优等生总是善于发现问题并提出问题。

今天老师讲了一道题，我觉得他的解法不大好。

你可以研究出一个更好的解法，然后和老师探讨一下。

孩子在提出疑问后，才会有意愿去主动寻找答案，或者寻找证据来证明自己的观点。在这个过程中，孩子可能又会提出新的质疑，这时，不仅孩子的思考能力得到锻炼，自身的知识储备也增加了。

想要让孩子具有质疑的能力，父母首先要在生活和工作中愿意问"为什么"。假如父母对待生活和工作总是得过且过，孩子也可能会用这样的态度来对待学习。但是，假如父母之间经常性地讨论一些问题，并努力找到症结所在，潜移默化，孩子也会养成这种习惯。

另外，父母还可以多搜集一些名人通过质疑获得成功的故事，在适当的时候给孩子讲述，让孩子知道质疑的好处。从这些名人的真实经历中，孩子能够体会到思考和怀疑的意义，激励自己做一个善于提问、敢于质疑的孩子。

对父母、老师的话，甚至是对权威产生怀疑，说明孩子经过了深入的思考，发现了问题。那么，父母要如何做才能锻炼孩子这种质疑的能力，让孩子不断进步呢？

培养孩子质疑的胆量

孩子能否质疑，除了靠发现问题外，还需要有胆量提出问题。想要培养孩子的胆量，父母在面对孩子提问时，语言和态度要和蔼，放下自己的身份，倾听孩子的想法，鼓励孩子提出观点并进行论证。孩子感觉不到束缚，就有利于养成敢于质疑的习惯。

积极地对待孩子的问题

　　孩子提出质疑时，父母要积极认真、客观公正地回答，不要随便地打发孩子，更不要轻易使用"不行""不对"等否定的词语。即使是否定，父母也要告诉孩子原因。如果是父母不懂的问题，可以和孩子一起去寻找答案，这样有利于孩子养成主动解决问题和自主学习的习惯。

第五章

各科重点、
难点，帮孩子一举拿下

写作文难？让孩子从模仿开始

　　语文是孩子学业中的重要学科，其中作文又是语文学习中的半壁江山，可以说作文写得好，语文成绩就不会差。但是，作文却是很多孩子的弱项。孩子的作文不是胡编乱造，就是硬凑字数，文章语言空洞、缺乏感情，就像流水账。其实，孩子学写作文可以从模仿开始。

场景回放：

　　甜甜一到写作文时就愁眉苦脸的，她经常坐在桌前半个多小时，就是写不出来几个字。有一次，老师出了一道题，让他们写"井底之蛙跳出井后，它看到了什么？听到了什么？"

　　甜甜好不容易写完了，妈妈拿过来一看，上面写着青蛙看到井外的景色，说道："哇哇哇哇……"整张纸上都是"哇哇哇"。妈妈看完哭笑不得。

> 这就是你写的作文？

> 青蛙确实是"哇哇"叫的，没错啊！

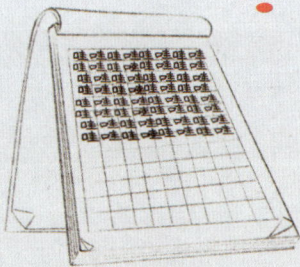

案例解析：

在古文中，仿写也叫作摹拟，就是选取一篇优秀的文章作为范文，研究其中的语言、布局构思、写作方法等方面，然后模仿着写一篇文章。孩子通过仿写别人的文章，能够学到很多优秀的写作手法。孩子头脑里有了新的思路，那么他在用词、句式、谋篇布局上就会变得灵活很多。

有的父母担心模仿会让孩子学会抄袭。其实，模仿和抄袭是两回事。抄袭是没有创造性的，完全照抄别人的东西。而模仿是借鉴别人的写法，模仿的是形式和方法，感受和理解是自己的，因此立意和内容都是自己的。而且模仿是有针对性的，孩子只是模仿那些对自己有启发的东西。

仿写不是生搬硬套，而是自我消化后得心应手地运用。让孩子看范文的目的是从中受到启迪，得到点化，最终走向创新，写出自己的文章。

有的父母会给孩子买很多作文书，孩子可能也看了不少，但是仍然写不好。原因是，孩子只是看，却没有练笔。如果孩子觉得一篇文章写得不错，那么当时就应该动笔模仿着写一篇，而不是看完就丢下不管。

当孩子的写作水平熟练起来，具有独立写作的能力时，父母可以鼓励孩子不再把写作限制在固定的模式和框架里，培养孩子的创新思维和发散思维，达到独立思考、独立写作的目的。

那么，孩子在学习别人文章的优点时，哪些地方是可以模仿的呢？

模仿结构和框架

　　仿写时可以模仿别人的开头、结尾，段落之间如何过渡，文章的结构和框架。总的来说，就是用别人文章的骨架，来写自己的内容。比如范文里写的是我的爸爸，那么孩子可以用范文里开头、结尾、结构的写法来写我的妈妈。

学习修辞手法，摘抄好词好句

有些孩子在写作文时，细节描写得不详细、不生动，可以让孩子在看别人文章时，学习对方的修辞手法，比如对方写眼睛像一汪清澈的泉水，孩子可以写眼睛像两颗明亮的星星。孩子还可以在阅读时对好词好句进行摘抄，将这些词句作为写作的素材，在写作时使用。

不喜阅读？少干涉孩子的阅读兴趣

在语文的学习中，阅读也是很重要的一项内容。但是，很多孩子却不爱阅读。其实孩子不爱阅读，很多时候并不是孩子自己的问题，而是父母没有进行正确的引导。

场景回放：

妈妈下班回到家，一眼就看见小松坐在沙发上看电视。吃完饭，妈妈哄着小松去念唐诗。可是小松才看了2分钟，不是嚷着渴了、饿了，就是喊着要上厕所，最后干脆说困了想睡觉。

妈妈看着书架上各种书自打买回来，就在那里躺着"吃灰"，小松从来没翻开过。有些书还价格不菲。妈妈既生气，又心疼，忍不住斥责了小松。

案例解析：

为了让孩子爱上阅读，父母花式劝哄，却不能如愿，于是得出孩子可能天生就不爱看书的结论。其实，没有哪个孩子生下来就爱读书。孩子不喜欢读书，是因为他们没有在阅读中找到乐趣。

这种书对增加知识面有帮助，你可以看，不过要在写完作业的时候看。

妈妈，我想看《十万个为什么》，可以吗？

有些父母的阅读观念带有太多的功利性，觉得孩子得读"有用"的书。除了课本外，父母只让孩子读对学习有用的书。孩子自己想看的书，父母不让看，而父母让他看的书，他又不喜欢，当然就没有动力去读，甚至会引起逆反心理。其实，父母可以让孩子的阅读范围广一点儿，只要是孩子感兴趣的书，都可以让他读。很多看似"无用"的书，其实有着大用处。

有时候，书没有选对，孩子也很难爱上阅读。孩子越小的时候，父母越要选择有趣味性的书。可是很多父母让孩子看的书比较枯燥，比如文学名著等以文字为主的书，孩子自然会抗拒。父母给孩子选择书，要考虑到孩子当下的理解能力。最好的方法是循序渐进，从易到难，否则孩子看不懂，也会失去阅读的兴趣。

想让孩子喜欢上阅读，父母就需要在阅读上给孩子以自由，不要做孩子阅读道路上的拦路虎。等到孩子养成阅读的习惯，长大后，父母再慢慢地引导他们有目的地阅读。

不干涉孩子的阅读行为，并不代表要完全放任孩子。那么，父母应该如何做才能既培养孩子阅读的兴趣，又能让孩子阅读合适的书呢？

让孩子在大方向下自由阅读

对于孩子的阅读，父母可以做好大方向上的把控，比如内容是否积极健康，是否是正版书籍，是否适合孩子的年龄阶段等。只要是满足这些要求的书，孩子都可以自由地选择，这样可以激发孩子阅读的兴趣。

带孩子去书店、图书馆

想要引起孩子对书的兴趣，父母可以带孩子去书店、图书馆。孩子小的时候可能漫无目的地到处看，稍大些时就会有目的性地去找书看。孩子在找书看时，父母不要过多地干涉，让孩子学会自主选择和购买。孩子选择的次数增多，就会建立起自己的阅读品位。

英语语法学不会？理解是基础

英语是由单词和语法构成的。很多孩子在阅读时，虽然每个单词都认识，但是却看不懂，或者写作文时，单词会写，可是句子写不对，这都是因为语法没有学明白。孩子只有学好语法，才能打好英语的基础，阅读理解上的困难也能迎刃而解。

场景回放：

晓棠 3 岁就开始学习英语，单词认识不少，可是在语法的学习上很吃力，所以英语的基础水平并不高。爸爸妈妈为了提高她的英语成绩，就让她像背单词一样，把那些语法知识死记硬背下来。

晓棠每天都坚持背语法，可是她对于语法的应用仍然感觉云里雾里的。写作文时，还是会犯各种语法上的错误。做选择题时，遇到考察语法知识的内容，总是模棱两可，只能靠猜选答案。

When one have money, 这里的 have 应该改成 has. 这个 one 是单数第三人称啊。

我只记得 he. she. it 是第三人称了。

案例解析：

英语语法在英语学习中十分重要。语法学不好，听说读写都会受到影响。比如听力练习时句子稍微复杂或者使用虚拟语气之类的特殊结构，孩子就会听不懂，口语表达时很容易引起误会，阅读时的长句子可能会不好理解，写作文时非常容易出现语法错误。

很多孩子学习语法时只会去死记硬背那些条条框框。其实，他们这样并不能去真正地掌握语法规则，也很容易记混。想要学习英语语法，并且熟练地运用，真正的方法是理解。

> Many students are playing basketball on the playground. 你从这个句式里总结出什么规律呢？

> 一个句子中不能有两个谓语动词。

英语的语法和中文语法有不同之处，而且英语的语法种类繁多。孩子在学习英语语法的时候，会觉得不知道从哪里下手，记忆起来也有困难。父母可以引导孩子在学习时分清主次，只要将基础重点的掌握熟练就可以。

孩子在学习英语语法时，也要学会积极主动地归纳、总结语法规则。孩子养成归纳、总结的习惯，更能够提高学习的主动性。如果孩子被动地等待、依赖老师和父母的讲解，再记在本子上，这样和死记硬背没有什么区别。而孩子自己主动观察、归纳、总结出来的语法规则，要比书本上学来的印象更深刻。

语法是工具，而不是学习英语的最终目的。父母应该让孩子明白，学习语法最终是为了在听说读写中使用。父母应该注重培养孩子对于英语的语感，这样可以依靠语感来熟悉语法，比直接记语法要容易得多。

想要让孩子学好语法，父母应该怎么做才能培养孩子的语感，激发孩子学习的兴趣呢？

阅读英语故事、文章等

看过于专业的英语书籍，孩子可能会没有兴趣，学习效率可能会降低。父母可以为孩子选择一些英语的童话、寓言等故事或篇幅适宜的文章，让孩子阅读起来更感兴趣。在阅读文章时，孩子可以加深对词汇和句型的印象，还可以培养语感，语法规则和句子的含义也一并理解了。

收听英文广播、歌曲或录音等

很多孩子觉得英语语法学习起来很枯燥，导致学习动力不足。父母可以让孩子多收听英语广播、歌曲和录音，多看英文电影、动画片。孩子可能会跟着广播大声说，跟着歌曲唱出歌词，或者跟着角色读出台词，这样能让孩子更好地融入英语的环境中，慢慢地培养对英语的语感。

英语单词记不住？掌握技巧很重要

　　学习英语最令孩子苦恼的问题就是"背单词"。如果孩子仍然用死记硬背的方式来背单词，不仅效率很低，还会丧失学习的兴趣。所以，使用科学的方法记忆单词很重要。

场景回放：

　　君君自打开始学英语，成绩就一直上不去。妈妈十分发愁，她听说单词十分重要，就天天让君君背单词，可是效果并不好。

　　君君半天都记不住一个单词，即使好不容易记住了，过了一会儿就忘记了。有时候，他甚至背着背着就睡着了。后来，妈妈决定每天看着他背单词。这让君君觉得背单词好痛苦，更没有兴趣学英语了。

案例解析：

英语成绩差的孩子词汇量都不足。很多孩子觉得背单词枯燥无味，不愿意背，或者为了应付考试硬着头皮背。这样记单词，记不住不说，忘得也很快。其实，想要让单词记得牢固，不容易遗忘并不难，父母只要利用英语单词本身的规律，就可以很好地来辅助孩子的记忆。

孩子在学习英语之前，父母一定要让他们了解英语和汉语的不同之处。汉语是一种表意的语言，知道读音也不一定知道写法。但是，英语是一种表音语言，知道读音基本上就可以进行拼写。基于这种特点，孩子在记忆单词之前，一定要熟练掌握音标和字母组合，这样可以达到事半功倍的效果。如果去一个字母一个字母地背单词，这样当遇到长的单词时，即使背很多遍，也不一定记得住。

孩子想要把单词记得牢固，最好的办法还是在阅读中背单词。因为孩子孤零零地记一个单词，不但记得慢，忘得也快，但是把单词放到文章里面，在阅读中记单词，会记得很牢固。孩子在背课文的过程中，不仅能记住单词，知道每一个单词的意思，还能学会语法，培养语感。

记单词时多感官并用，也可以加深孩子对单词的印象。在背单词时，孩子最好一边看，一边读，一边写，或者一边反复听录音，一边大声朗读。这样能够提高孩子大脑细胞的活跃程度，记忆的效果会更好。

父母想要帮助孩子记忆单词，还可以帮助孩子制订适合他年龄和能力的学习计划，让孩子每天按时按量进行训练。随着孩子年龄和能力的逐渐增强，父母再逐渐地增加难度。

想让孩子快速记忆单词，父母可以教孩子使用哪些方法呢？

自然拼读

孩子背单词时，要重点看单词的音节，根据音节来记单词。比如 computer，不要记 c-o-m-p-u-t-e-r，而是记 com-pu-ter。将这个单词分成 3 个音节来记，读的时候就能很快记住。孩子学会自然拼读，可以提升认单词、背单词的效率。

联想记忆法

　　孩子使用联想记忆法背单词，就是由一个单词联想到与它相似的其他单词，还可以联系到与它有关的各种形式、用法和结构等。比如从 ball 联想到 basketball，football，playground 等。孩子持续地使用这种办法，就可以以旧带新、积少成多地记忆单词。

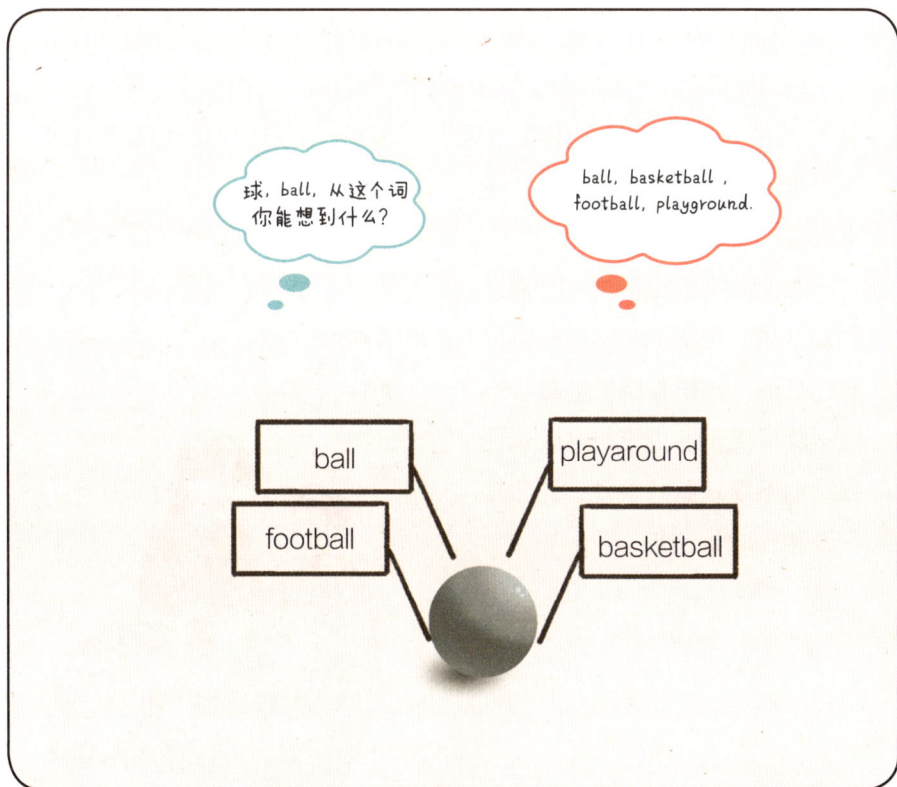

数学计算能力弱？让孩子坚持每天一练

计算能力是孩子学好数学和物理、化学等理科学科的重要基础。运算在数学试卷中的占比也很大，在很大程度上会影响孩子的数学成绩。如果孩子的计算能力差，就需要持之以恒、反复训练，这样计算能力才能真正得到提升。

场景回放：

妈妈觉得自己和晓楠最近快要被算术题逼疯了。晓楠读一年级时，10 以内的加减法就经常出错。等到了二年级，100 以内的加减法计算更困难了，不仅算得很慢，还经常算错。

原先晓楠的数学题，10 道还能对 6 道，但是现在 10 道里只能对 3 道。妈妈看晓楠的数学成绩一降再降，急得不行。晓楠现在特别不喜欢做数学题，还总是在做题的时候走神。

> 我不喜欢做数学题，我快要疯了。

> 你这 10 道题做了两个小时，才对了 3 道。

案例解析：

有些孩子的计算正确率不高，计算速度提不上来，对计算没兴趣；有的孩子跟着老师的解题思路，就能很容易地回答问题，可是一到自己写的时候，就不会做了；还有的孩子做题时不会举一反三，看到解题方法类似的其他题目时，仍然做错。这些问题都是计算能力差导致的。而大部分计算能力差的孩子是因为没有数学思维。

> 这个乘法分配律是什么意思？你给我讲讲。

> 两个数的和与一个数相乘，可以先把它们分别和这个数相乘，再将积相加。

想让孩子真正地掌握计算能力，父母可以让孩子将课本上的计算原理和公式全部都推导一遍，直到孩子理解，能够举出相应的例子，最好做到举一反三。然后，父母可以让孩子再给自己讲解一遍，还可以从各个方面和角度去问孩子问题。

尤其是一些基础知识，比如"10 以内的加减法""20 以内的加减法""九九乘法口诀"等，父母一定要让孩子熟练掌握，达到不假思索、脱口而出的程度，这样到了高年级时才能算得快、算得准。

父母可以鼓励孩子使用简便算法，比如运用一定的运算定律，像加法交换律、加法结合律、乘法交换律、乘法结合律和乘法分配律等，将一些计算由繁变简、由难变易，这样可以提高计算速度、减少计算的错误。

数学想要学好，就要多练习。无论笔算，还是口算，父母都可以让孩子每天坚持练习，引起孩子对计算的重视。父母还可以用计时的方法来训练孩子在规定时间里的运算能力，坚持下来就能将计算能力提高。

在提高孩子计算能力的过程中，父母还需要注意些什么呢？

督促孩子养成打草稿的习惯

　　有些孩子在计算时不喜欢打草稿，或者草稿纸写得很潦草，这样很容易算错，也不方便检查。特别是在计算高年级的数学题时，孩子一定要养成认真打草稿的习惯，书写整齐才能帮助自己梳理思路，即使做错了也可以追根溯源。

督促孩子养成认真审题的习惯

孩子经常算错题，有时候是因为没有认真审题，没有看清题目的要求和给出的条件。孩子在做题时，注意力一定要集中。如果总是马马虎虎，孩子就会出现不该出现的错误，考试就会丢分。

数学公式不能灵活运用？
理解透彻很关键

学数学和修房子一样，最重要的是打好基础。数学公式就是学习数学的根基，如果根基不牢固，在解题时就会遇到困难。所以，父母应该让孩子熟练掌握和运用公式，这样才能取得好成绩。

场景回放：

妈妈注意到壮壮的数学总是学得不太好，尤其是在数学公式的运用上总是出错。她发现，壮壮总是记不住数学公式，或者就算记住了，会用了也还是会出错。特别是碰到难一点儿的题目时，壮壮就不会做了。

妈妈没少给壮壮讲题，也给壮壮买了不少的数学书和试卷，可是壮壮的数学成绩仍然是老样子。妈妈觉得很苦恼，甚至觉得壮壮是不是在"智商"方面有欠缺。

> 这道题不就是考长方形面积的公式吗？怎么不会做呢？

> 公式我会背，可是公式的意思我不明白。

案例解析：

在学习数学的过程中，很多父母会给孩子布置这样一项任务——背公式。父母觉得孩子只要记熟了公式，解题时就会很顺利。但事实上，很多孩子要么记不住公式，要么公式会背，做题的时候却不会用，做题的效率很低。

有些孩子在学习时，遇到不理解的地方就会靠死记硬背来解题。他这样做并不能充分地理解定义、公式和解题方法，而且并没有搞懂公式背后的意义，这就导致了他虽然会解一道题，但是遇到别的题目就不会做了。

另外，有些孩子虽然记住了概念、公式和解题方法，却没有及时地巩固这些知识。时间久了，孩子不仅会把之前的知识忘记，基础的题型稍微变形也不会做了。

掌握数理化的公式主要在于理解透彻，数学等理科学科中需要记忆的东西都侧重于理解式的记忆，这样记起来更容易，也不容易忘记。父母不要只检查孩子能不能背公式，还要检查孩子能不能说出公式背后的推导过程。

公式除了有字母表示外，还有相应的概念和说明。如果孩子记不住或者看不太懂字母的话，可以从概念和说明来理解公式。

但是，课本上公式的概念都比较简洁，看起来懂了，应用起来会做很多延伸。父母可以在具体的应用中解释公式的概念，以方便孩子理解。

想要让孩子学会灵活地套用公式，不再"望题兴叹"，父母可以使用哪些方法呢？

> 三角形面积的公式是怎么推导出来的？

> 两个完全一样的三角形可以拼成一个平行四边形，所以三角形面积等于和它等底等高的平行四边形面积的一半。

找到公式之间的联系

　　大部分数学公式并不是孤立的，而是彼此之间有衔接点，比如有的在概念上有相连，有的在应用上有相通，看似纷繁复杂，实则环环相扣。父母可以引导孩子将数学公式通过横向和纵向的联系，找出并理解它们的相互关系。孩子不仅容易记忆，而且也不会混淆。

通过大量练习熟能生巧

　　孩子会推导和理解公式，并不能解决"不会用"的问题。孩子做题少，就很难考高分。父母应该让孩子多练习与公式紧密相关的基础题和综合题型，可以让孩子做课后习题和练习册上相对应的题目，还可以做相应的试卷，而且练习之后还要检查是否正确。

第六章

学霸都在用的
考试技巧，让孩子熟练掌握

考前紧张，教孩子平静下来的技巧

无论是学习好的学生，还是学习一般的学生，都可能会遇到一到考试就蒙的问题。特别是在大型考试之前，孩子更容易出现考前焦虑症的症状。这个问题如果不能得到解决，会成为孩子学习路上的绊脚石。

场景回放：

小秋平时的学习根本不需要父母操心，日常的小测验中都能得到不错的成绩。父母觉得按理说，小秋这样的情况在大考中肯定能正常发挥，拿个不错的名次。可让人没想到的是，她但凡遇到期中、期末这样的大考就会考砸。

原来，小秋每次在考试前都会焦虑不安，总怕自己考不好，所以神经绷得很紧。在这种情况下，她要么看错题目，要么漏了考题，结果导致本来会做的题都错了，白白失去很多分数。

案例解析：

孩子一遇到考试就紧张的情况特别常见。伴随着考试日期的来临，有些孩子会出现焦虑、紧张、恐慌、心情烦躁的情况，严重时还会吃不下、睡不好。这会让他们在考试时无法集中注意力去审题和思考，频频出现低级错误，从而影响他们在考试时的正常发挥。孩子不只会因此耽误学习成绩，长期下来还会丧失自信心，更加恐惧考试，甚至会厌学。

孩子之所以对考试产生焦虑，是因为难以适应考试带来的压力。这些压力有的来自父母的期望，有的来自对失败的担忧，有的来自过高的自我期待。

另外，当父母对于孩子的期许很高时，很难保持平常心，这种负面情绪在和孩子相处时也会传染给孩子。所以，父母在考试前只要像平时一样对待孩子即可，不要过度关注孩子，特别是追问孩子的复习情况或是高标准地照顾孩子，这只会让孩子的心理压力更大。

> 期末考试而已，考不好也决定不了你一辈子，咱们下学期再努力就行了。

> 爸爸，要是期末考试我没考好可怎么办啊？

孩子对于考试的认识会影响和决定孩子考试时的心态，如果孩子过于看重成绩，就容易在考时紧张、焦虑。父母需要让孩子明白，考试在本质上是一种对于学习水平的反馈方式。通过考试，孩子可以看到自己的不足，并明确自己下一步努力的方向。

如果孩子考前太紧张，父母可以教孩子学会自我放松的方法，积极、正面地去迎接考试。

想让孩子用平静的心态对待考试，父母还可以教孩子使用哪些方法呢？

保持"平日模式"

　　想要在考试前保持平稳的心态，孩子需要在学习上维持和平时一样的状态，合理地安排复习，不要采取"临时抱佛脚"或者索性放弃的极端模式。考前大量做题会让孩子感到厌倦，遇到难题会增加紧张感。什么都不做不利于孩子的大脑处于活跃状态，不能更好地迎接考试。

学会解压的方法

保持充足的睡眠可以让大脑保持清醒，让人精力充沛。除此之外，孩子还可以做些轻松的有氧运动，比如散步等，促进人体产生多巴胺，让心情平静又快乐。如果孩子在考场上紧张，可以暗自使劲握拳，然后再突然放松，或者按压手掌心的"劳宫穴"，能起到缓解压力的作用。

考试总是粗心，如何让孩子避免低级失误

　　孩子在学习时最大的死敌就是粗心，而粗心恰恰是很多孩子都会犯的错误，特别是小学阶段低年级的孩子，考试时的粗心大意更是他们的通病。父母应该帮助孩子克服这个弱点，这样才能够提高成绩。

场景回放：

　　小斌每次拿回家的小测验试卷，妈妈都会仔细看看，她发现上面的很多错题都是因为小斌粗心大意造成的，比如看错了数字和题目的要求而写错。本来小斌可以考90分的，可是最后只考了70分。

　　妈妈总是教育小斌下次考试时认真一点儿，可是根本没有用。小斌考试时仍然很马虎。妈妈担心小斌期中、期末考试也这样会影响成绩，可是又不知道怎么样才能让小斌改掉这个毛病。

> 单位又没有写，计算又错了，题目不看完就开始算。说好几遍了你怎么还是这么粗心呀？下次认真点知不知道？

> 我知道了。

案例解析：

孩子考试时粗心大意，首先是因为没有良好的学习习惯或端正的学习态度。孩子平时在写作业时就很马虎，态度不严谨，天长日久养成了粗心的习惯。有的孩子很急躁，不想清楚就着急写，考试时紧张起来就更想快点完成。有的孩子觉得检查浪费时间，写完就赶快交卷。

知识掌握得不够扎实，也会让孩子考试时出错。比如孩子对于基础知识理解得不透彻，一知半解，或者课后缺少练习，熟练度不够，考试时就很容易出错。

如果孩子总是丢三落四，学习成绩就一直不能提高。这种粗心的习惯也不利于孩子今后的生活和工作，在很多事情上随随便便，孩子会缺乏责任心，工作也很难出做出成绩。

发现孩子粗心，父母通常会不停地提醒孩子："要认真！不要粗心！"但是起不到什么作用。因为这样的话太模糊，缺少具体可执行的方法。孩子听了好多遍，也不知道该怎么办，只好把这些话当成耳旁风，听听就算了。

即使孩子粗心的频率比较高，父母也不要经常在孩子面前指责他。这样相当于给孩子贴上了负面的标签，孩子会彻底变成"粗心"的人。把所有错误都会归结到"粗心"上，问题得不到有效的解决。

父母从小培养孩子良好的学习习惯，才能让孩子终身受益。想让孩子改掉粗心的习惯，父母应该从根源上改变孩子的行为习惯和心理状态。那么，父母要如何纠正孩子粗心马虎的毛病呢？

❋ 让孩子养成整齐有序的生活习惯

　　父母要引导孩子养成整齐有序的生活习惯，比如让孩子自己完成作业，自行整理好书包和书桌，自己准备好第二天需要穿的衣服。孩子学会自己的事情自己做，让学习和生活有条不紊地进行，才能避免粗心大意的情况出现。

训练孩子的专注力

如果孩子注意力不能高度集中，父母可以训练孩子的专注力，比如玩找不同的游戏，持续的朗读等。孩子在低年级时，父母可以锻炼他手部的精细动作，比如搭积木、串珠子、夹豆子、做手工、描图等。孩子在高年级时可以从简单的限时练习开始训练，在增强注意力的同时提高做题的熟练程度。

掌握答题技巧，教孩子规划答卷时间

　　有的孩子平时做题没问题，只要有充足的时间都能做出来。然而，考试是有时间限制的，如果没有正确的答题技巧，孩子很难取得好的成绩。父母需要教孩子根据自身的情况，科学地规划答卷时间，争取把能拿到的分数都拿到。

场景回放：

　　期中考试结束，弘宇耷拉着脑袋走出考场。妈妈一看他这个样子，就问他怎么了？弘宇说考试时间不够，前面的一道难题，他想了很久，导致后面的题没写完。

　　妈妈看弘宇这么难过，就没有急着批评他。等回到家后，妈妈告诉弘宇，下次考试时不要在难题上浪费太多时间，把容易的题目写完，拿到分数就可以了。

别伤心了，下次考试时不要在难题上花太多时间。

前面有道题太难，我想了半天，后面的两道大题都没时间做了。

案例解析：

总有孩子说考试时间不够用，要么是卡在难题上，浪费了很多时间，没有写完试卷，要么是发现超时后神经紧张，不能冷静地予以补救。孩子之所以出现这种问题，除了知识掌握不牢固、心理素质较差外，最主要的原因就是考试时间分配不合理。

在刚拿到试卷时，孩子的心情难免会有些紧张。这时候孩子不应该匆匆作答，而是应该先花 1~2 分钟浏览全卷，将题目的情况摸清楚，对全卷题目的数量、题型、每道题所占分数做到心中有数。

在浏览试卷时，孩子需要筛选出比较简单且有把握的题目，第一时间先进行回答。这样有助于孩子放松心情。接下来，孩子要将其他题目按照由易到难的顺序，大致分配一下答题时间，在控制时间的基础上有序地逐步解决，对于不确定的题一定要放在最后。

对于大部分孩子来说，如果没有研究出难题，却耽误了其他容易题目的答题和检查时间，才是最吃亏的。所以，孩子千万不要为难题花费太多时间，即便难题没有做对也扣不了多少分。不过，像数学等科目中最后的题目，如果有比较简单的部分，孩子还是可以回答的。

想要分配好考试时间，孩子应该学会从全局上把握时间，随机应变进行调整。比如，考语文时尽量给作文留出足够时间。如果前面的题目用时过半，孩子就应该当机立断转入作文，舍弃没有回答的部分，不要因小失大，导致两头丢分。想要补救的话，孩子可以在不影响作文质量的前提下，加快写字速度，完成作文后，再用剩余时间去补答前面的试题。

除了"先易后难"外，还有哪些答题技巧是孩子可以利用的呢？

先高后低

　　试卷中题目的分数有高有低，孩子可以先做那些熟悉、会做，并且分数较高的题目，这样就能够拿到更多的分数。特别是在时间不够用的情况下，孩子这样做比用相同时间去做一道低分数的题更"合算"。不过，这种做法要结合实际，因人而异，防止发生高分题久攻不下，低分题无暇顾及的情况。

审题慢，做题快

　　孩子审题时要逐字逐句看清楚，真正地看清题意，才能保证答题的正确率。解答问题时，孩子要尽量简明扼要、快速规范，用简化的解题步骤写到得分点上，这样既能保证得分，也能给后面的题目赢得时间。

⏰ 试卷写完，教孩子高效检查一遍

很多学霸的经验都是：不一定能做出多么难的题，但是简单的题，一定不能丢分。孩子考试时除了确保准确率，还要通过检查把该拿的分数拿到，这样才能取得不错的成绩。想要事半功倍，孩子就需要使用正确高效的检查方法。

场景回放：

考试前，妈妈叮嘱亮亮："做完卷子要认真检查。"亮亮答应了。考完试后，妈妈问亮亮考得怎么样？亮亮拍着胸脯说，我都检查好几遍了，肯定没问题。

听亮亮这么说，妈妈也觉得应该没什么问题。没想到成绩出来后，亮亮就傻眼了。他只考了 75 分，老师说扣分的题目里有些一看就是没有仔细检查。妈妈很生气，亮亮也垂头丧气的。

你不是检查了吗？怎么这么多错误都没检查出来呢？

我也不知道啊，我确实检查了。

案例解析：

有的孩子在做完试卷后，不知道检查，也不知道做得对不对，要么东张西望，要么发呆、走神。而有的孩子虽然检查了，却像走马观花，根本检查不出错误之处。之所以出现这样的情况，是因为孩子检查的方法不正确，没有技巧，没有逻辑，白白浪费时间。孩子检查时的思路和做题时一样，所以很难发现错误。

还好检查了一遍，不然这道题就漏掉了.

考试时想要高效地检查试卷，孩子在做题时就应该做好准备。首先，孩子要保持卷面的干净整洁。字迹潦草不仅影响卷面得分，还会影响试卷的检查。草稿纸也要尽量整齐有序，这样孩子誊写时能避免出错，检查起来也更方便省时。

其次，不会的和拿不准的题目，孩子可以在试卷上用铅笔做个标记，这样一来如果没有从头到尾检查的时间，孩子可以在做完全部试题后优先检查这些做标记的题目。不过，需要注意的是不要在答题卡上做记号。

检查时要注意检查有没有遗漏。孩子要检查整张试卷的每道题目是否都完成了，以免最后发现大题没做，再奋笔疾书也无法完成，还要检查题目的要求，不要漏做，避免丢分。

另外，孩子还要检查有没有做错的题目。这里说的"错"，不是指回答错误，而是指题目是否看错，或者答题的位置出错。这样丢掉的分数十分可惜，应该尽量避免。

考试后检查就像打扫战场，想让孩子不再轻易丢分，父母可以教给孩子哪些方法呢？

反向检查法

　　一般检查都是从审题开始，这种检查与之相反，是从答案往回检查，也就是把答案代入原题进行检查，比如用减法验算加法、除法验算乘法、把结果代入原方程式等。相比于正向检查，反向检查特别适用于数学等理科科目，这样检查既快速，又准确。

遮盖检查法

为了避免检查时分心，孩子可以用直尺、草稿纸等遮盖住试卷上的其他部分。这样可以使孩子集中精力，眼睛只看着眼前的题目，一道题一道题地往下检查，而不会被其他部分打扰。

挡上其他部分，再逐行往下移动，露出一行，看一行，这样检查更方便。

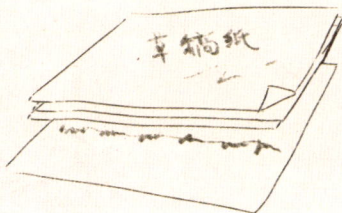

草稿纸

相比关注分数，更重要的是帮孩子分析试卷

考试之后，孩子的成绩就出来了。拿到试卷后，父母不能只关注分数，而不去分析试卷。不管孩子考得好，还是考得坏，父母都要和孩子一起分析试卷中反映出来的问题，帮助孩子吸取经验，才能在考试后更进一步。

场景回放：

庆庆的英语只考了65分。成绩出来后，妈妈看着庆庆拿回来的试卷特别生气，觉得他肯定是没好好听课，不努力学习。

妈妈越想越上火，就把庆庆数落了一顿，指责庆庆丢了她的脸面，将来肯定没出息。

庆庆看着试卷，特别难过，想学习也提不起劲。他的英语成绩越来越差，甚至考了不及格，在班上名落孙山。

案例解析：

考试是为了检验孩子对知识的掌握情况。考试最重要的部分不是成绩，而是对试卷的分析。父母分析试卷才能发现孩子的问题和不足，帮助他们查漏补缺，调整学习方法。父母如果只和孩子谈分数，甚至批评孩子，孩子的成绩非但不会提高，反而会越来越差。

父母除了将孩子的成绩横向和班上的其他同学相比之外，还要纵向和孩子过去的成绩对比。无论孩子进步还是退步，父母都要认真地分析原因，必要时可以请学科的老师对孩子的成绩进行分析和建议。

分析试卷上的错题时，父母需要引导孩子，不要只看表面的问题，要弄清错误背后的原因，才能真正弄懂没有掌握的知识点。分析试卷的重点不应该只盯着试卷上的错题，归类不同的错题原因后，父母还要和孩子一起制订下一步的学习计划。比如，认真复习巩固知识要点；掌握题型的答题要领，提升知识的灵活运用能力；平时用参加比赛、写作业限时等方式锻炼心理素质等。

除了制订学习计划外，父母也不要忘记传授给孩子正确的考试技巧。此外，如果孩子因为成绩不理想而情绪低落时，父母千万不要在饭桌上批评孩子，更不要当着外人的面"揭短"，而是要适当地鼓励孩子，让孩子不要被眼前的困难吓倒。

父母可以采用哪些方法帮助孩子分析试卷中的错题，让孩子在一次次考试中取得进步呢？

写试卷分析

　　父母可以让孩子在每次考试后，对试卷上的错题进行分析归类。丢分的原因可以分为粗心、基础不扎实、不会做等大类，每个大类再进行细分。这样深入分析，孩子能更明白自己的问题所在，方便调整和提升自己。分析后，孩子要经常把错题拿出来翻看，达到改进和提高的目的。

找出可以得分的题

　　有的孩子自尊心比较强，不想犯错，也不想被批评。如果父母直奔主题，分析孩子的错误容易引起孩子的反感。这种情况下，父母可以找出因为粗心或没有掌握好而扣分的简单题目，告诉孩子下次考试加上这些不该扣分的题目，能得多少分。让孩子看到即将将有的收获，能增强孩子对下次考试的自信心，后面再分析问题，孩子会更容易接受。

每天三分钟
家庭教育好轻松

扫码获取
家庭教育指南

家教有声百宝箱
聆听真实案例分析，破解家教谜团。

亲子沟通小技巧
从根源出发，让沟通更顺畅。

家教方法跟我学
掌握科学有效的家庭教育方法。

家教名师大讲堂
家教名师面对面，在线课堂开课啦！